꼭 재밌는 책이요.

Lee

⟨시집발간(詩集發刊) 그 순서대로 정리 · 편집한⟩

나와 우리 가족
및
은사님!
시(詩) 모음

5,000편이 넘는, 상상할 수 없을만큼!
⟨한국문학사(韓國文學史)에서도 그 유례를 찾아 볼 수 없는⟩

그 엄청난
시(詩)를 쓴!

특집 · 月葉 **류 재 상 詩集**

도서출판 평 강

| 서시 |

언어의 기적(奇跡)

−시(詩)는, 사실적 언어의 기적이다

기적은, 현실 속에서는 불가능이다! 저 놀라운 종교적
기적은, 참으로 오랫동안 우리 인간의 종교적인 꿈과
상상력(想像力)이
꾸며낸! 가장 감동적(感動的)인
허구적, 신화(神話)다!
그러나 시는,
다르다!
시는, 사실적인 언어의 기적이다!
이 언어(言語)의 기적이 바로, 우리의 정신적 기적이다!
나는 시력 50년여 동안, 5천편 이상의 시를 써오면서!
나의 영혼(靈魂)과, 자연(自然)이
하나로 일치
되는! 가장 황홀한, 정신적
기적(奇蹟)을

수 없이 경험한 시인(詩人)이다! 시인은
언어의 기적을 믿는, 성직자다! 우주의 모든 존재의
궁극이, 언어다! 이 세상은, 전부가 언어
속의 존재다!
언어를 벗어난 존재는, 단
하나도 없다!
신(神)도, 신이라는 언어를
절대로 벗어날 수 없다! 우리 인간(人間)의 가장 위대한
진실(眞實)은, 인간의 언어가! 바로, 우주(宇宙)를 창조한
하느님! 즉, 신(神)이라는 사실이다!
이렇듯,
존재의 궁극이
언어요! 그 언어의
궁극이 바로, 시(詩)다! 따라서
시는, 언어를
창조하는 언어의 신(神)이다! 나는 이 언어의 신을 믿는,
성직자다! 존경하는 독자(讀者), 여러분! 이 시집 속에서,
인간의 영혼과 자연이 하나가 되는!

이 정신적, 황홀한 언어의 기적을 경험하시기 바랍니다!!
　　　　　월엽당 '시인의 집' 주인
　　　　　　月葉 류 재 상

목 차

서시 / 3

◐제1시집 〈감하나〉〈序(서)〉 / 9
　· 감하나 / 지금의, 나의 고독 속을 / 튤립(tulip) 꽃 / 우리 아버지
◐제2시집 〈소박한 애국〉 / 16
　· 조국통일 / 소박한 애국
◐제3시집 〈달콤한 죽음의 연습(演習)〉 / 18
　· 솔밭 / 달콤한 죽음의 연습(演習) / 나의 외할머니
◐제4시집 〈대지의 힘〉 / 21
　· 〈서시〉 자화상(自畵像) / 질경이 풀 / 건강한 고독(孤獨) / 하늘 / 대지(大地)의 힘
◐제5시집 〈동백꽃〉 / 29
　· 인생론 / 시적(詩的) 친구 / 제자의 눈(目)
◐제6시집 〈가슴 뛰는 세상〉 / 33
　· 가슴 뛰는 세상 / 그 짧은 봄날의 하루 / 산딸기
◐제7시집 『정말 반성해 봅시다』 / 37
　· 우리 아들 용아(龍我)에게 / 사람인 내가 부끄럽다
◐제8시집 〈돌아보기 · 1〉 / 41
　· 희순〈1〉 / 희순이〈81〉
◐제9시집 〈돌아보기 · 2〉 / 45
　· 벌레 먹은 사과 한 알 / 하여튼, 참 아름답고 이상한 시(詩)
◐제10시집 『여보! 당신만을 사랑해요』 / 47
　 －〈서시〉오래된 흑백 사진 외 49편과 평설〈평론〉 －
　· 〈서시〉오래된 흑백 사진/ 우리의 신혼 초기 / 나의 고백 / 한 쌍의 무덤과 신혼여행 / 당신의 돋보기 / 넉넉한 나이 / 당신 곁에서 늙어 가는 기쁨 / 결혼 20 주년에 / 아직도 우리의 사랑은 / 설경(雪景) / 눈 오는 밤에 / 당신이 꿈꾸는 밤에 / 어제의 부부싸움 / 부부의 사랑 / 당신 생각에 / 당신의 존재 / 청소하는 가을날 / 우리의 물빛사랑 / 장미꽃 당신의 사랑 / 경오년(1990) 마지막 날에 / 끓고 있는 우리 집 찌개 / 지옥의 불빛 / 첫사랑의 기쁨 / 제비꽃

목 차

당신 / 봄과 그리고 우리 집 / 당신의 무게 / 가족의 웃음 / 봄날의 풍경 / 당신을 처음 만났을 때 / 안타까운 사랑 / 강한 여인 / 당신이 외출하고 나면 / 커다란 사랑의 과일 / 큰딸이 대학에 합격하던 날 / 당신의 밝은 표정 / 당신이 있었기에 / 그래도 휴식할 여유와 공간 / 사랑의 힘 / 우리 추억의 그리움 / 깊은 삶의 선서(宣誓) / 당신의 작은 손아귀 / 가을과 당신 / 행복이 무엇인가를 / 시인(詩人)의 아내 / 자랑스러운 당신 / 오염되지 않은 당신 / 봄이 오는 사랑 / 가장 즐거운 종달새 / 우리의 약속 / 당신의 봄비
 · ■평설 『여보! 당신만을 사랑해요』를 중심으로

◑제11시집 〈꺾어 심은 나무〉 / 163
 · 꺾어 심은 나무 / 부부싸움 / 나의 묘비시(墓碑詩) / 하늘이 옷을 벗을 때

◑제12시집 〈과수원집 빨간 사과〉 / 172
 · 과수원집 빨간 사과 / 나와 나의 시(詩) / 나의 글씨 / 봄소식 / 노인(老人)의 노래 / 먹다 남은 감자하나 / 강원도 어느 산골마을 이야기

◑제13시집 〈하얀 밥풀 하나〉 / 183
 · 〈서시〉숨어서 피는, 작은 꽃 / 죽순을 먹기 위해 / 하얀 밥풀 하나 / 그 해맑은 시인(詩人)의 눈길 / 하늘을 읽는, 아이

◑제14시집 〈시인의 나라〉 / 192
 · 10월의 어느 아침 / 겨울 빗소리

◑제15시집 〈아침이슬〉 / 197
 · 내 삶의 새로운 종교(宗敎) / 석류꽃과 석류(石榴) / 하늘에 쓰는 내 일기(日記) / 집 없는, 시인(詩人)의 집

◑제16시집 〈감각.21〉 / 205
 · 〈서시〉정다운 가족 / 다섯 살 외손녀 / 자연의 가족(家族) / 자연의 소유 / 눈 내리던, 겨울 고향풍경

◑제17시집 〈이야기〉 / 210
 · 덕유산 가는 길 / 스치는 바람 자네

◑제18시집 〈봄소식〉 / 212
 · 계유년(1993년) 1월 31일 / 새 천년(2000년) 새해 아침에 / 참으로 바보 같

목 차

은 시인(詩人)

● **제19시집 〈사랑의 시〉 / 215**
  · 딸과 사위에게 주는 시(詩) / 20030113
● **제20시집 〈가장 싸늘한 불꽃〉 / 217**
  · 시(詩)를 쓰다가 / 행복이 사는 집 / 다섯 살 나는 어디에서 왔을까요 / 외손녀의 봄 / 하얀 접시와 우리 집 김치 / 우리 아버지 / 사랑하는 우리아들 우리 며느리에게
● **제21시집 〈3행시〉 / 230**
  · 사랑의 이야기 / 과학(科學) / 한국의 무덤 / 화장품(化粧品)
● **제22시집 〈파란 풀잎〉 / 234**
  · 〈서시〉 내 시(詩)의 창조적 질서 / 아침소묘 / 계미년(2003) 제야의 종소리 / 갑신년(2004) 원단(元旦) / 삶의 여유(餘裕) / 죽음 속의 나의 하루 / 아내의 눈빛 / 아침 밥상 / 또 다른 생각
● **제23시집 〈촌철살인(1행시)〉 / 243**
  · 과학은 / 가장 위대한 교사(教師)는(1) / 돈은(8)
● **제24시집 〈시는 행복해요〉 / 246**
  · 내가 태어나기 이전(以前)의 노래 / 첫손자가 태어나는 날 / 이[齒] 빠진 파란 접시의 노래 / 어느 노교사(老教師)의 신앙 / 결혼 34주년(20060113) / 나의 진실한 고백 / 가난한, 류재상 시인(詩人)의 노래
● **제25시집 〈가장 촉촉한 침묵〉 / 254**
  · 하늘의 언어 / 아름다운, 장미꽃의 언어
● **제26시집 〈행복을 팔아요〉 / 256**
  · 장롱(欌籠) 속에 있는 작은 빼다지(서랍) 하나 / 우리 장손(長孫), 호빈(浩彬)의 첫돌 / 물빛 파란, 내 밥그릇
● **제27시집 〈가장 황홀한 죽음〉 / 261**
  · 〈서시〉 황홀한 죽음 / 저는 걸레로 태어날래요
● **제29시집 『가장 황홀한 원』 / 263**
  · 또 하나 4월 풍경(風景) / 가장 황홀한 원(圓) / 나의 시(詩) / 가장 행복했던

목 차

그 어린 시절 / 외로운 오솔길 / 구름놀이 / 늙은 시인(詩人) / 늙은 느티나무, 그 외로운 풍경

◐제30시집 〈정말 감사합니다〉 / 275
- 하늘나라 우리 아버지께 / 하늘에 계신 외할머니께 / 90고령(高齡) 우리 어머니께 / 고향(1) / 고향(5) / 고향(7) / 고향(9) / 고향(10)

◐제31시집 〈삶의 여백〉 / 290
- 백년을 안의초등학교에 다니는, 다섯 친구 느티나무 / 덕유산에 오르는 날 / 삶의 여백(餘白) / 진실하나 / 류재상 묘비

◐제32시집 〈우리 모두가 혼자 꿈꾸는 존재〉 / 297
- 내 아들, 용아에게 / 고독(孤獨)한 시인 / 열여섯 살 우리 외손녀의 봄

◐제33시집 〈참 새콤한 시〉 / 300
- 약(藥) / 우리 결혼 45주년 연주회 / 내 행복의 노래 / 살아있는, 내 기쁨에게 / 또 한 해가 저물어 간다 / 20200113(결혼 48주년) / 내 외손녀의 행복한 귀(耳) / 사랑하는 우리 둘째 딸 지아(芝娥) / 자랑스러운 대학생이 된 우리 외손녀

◐제34시집 〈가장 아름다운 초월〉 / 313
- 가장 아름다운 초월 – 작품.1 / –작품.33 / – 작품.65 / – 작품101

◐가장 사랑하고 존경했던 은사님의 시(詩) / 319
- 미당(未堂) 서정주(徐廷柱)(1) / 미당(未堂) 서정주(徐廷柱)(2) / 미당(未堂) 서정주(徐廷柱)(3) / 미당(未堂) 서정주(徐廷柱)(4) / 미당(未堂) 서정주(徐廷柱)(5) / 김구용(金丘庸)(1) / 김구용(金丘庸)(2) / 김구용(金丘庸)(3)

◐내 시(詩)의 정신적 스승 / 332
- 우리의 슬픈 영웅 김만중(金萬重) – 태아(胎兒) / – 탄생(誕生) / – 유년(幼年) / – 우리 어머니 / – 혈기(血氣) / – 유배(流配) / – 병(病) / – 꿈같은 우리네 인생
- 月葉 류재상(柳在相) 시인의 연보

◐제1시집 〈감하나〉

〈序(서)〉

定時(정시)에 나타나는 그런 詩(시)의 弟子(제자)나 後輩(후배)가 아니라, 전연 豫想(예상)하지 않을 때에 문득 내 庭園(정원)의 小路(소로)에 날아드는 무슨 나비나 선들바람처럼, 그렇게만 찾아왔다가 가는 그런 詩(시)의 젊은 친구들이 있는데, 우리 柳在相(류재상) 詩人(시인)은 그들 가운데서도 가장 드물고도 또 매우 自由自在(자유자재)키만한 사람으로, 그는 아무리 빨라도 삼사년이나 사오년만큼식 사이를 두고 아무 豫告(예고)도 없이 나를 찾아왔다가는 或(혹) 내가 있으면 만나고, 없으면 또 그냥 가고, 그렇게만 나하고 接觸(접촉)해온 그런 나의 弟子(제자)다.

그런 그가 이번에 내게 가져 온 '**處女詩集 原稿(처녀시집원고)**'인지라 **"어디 한번 보자"**는 내 關心度(관심도)가 한층 더해져서 이걸 읽을밖에 없었던 것인데, 읽어 본 결과, 매우 드물게 自由自在(자유자재)로만 나타나는 者(자)는 역시 그만큼 한 값어치는 하는 것을 내게 일깨우게 해주어, 柳在相君(류재상군) 그를 위해서나 이걸 읽는 나를 위해서나 彼此(피차)에 참 多幸(다행)이었다.

솔직히 말해서 이 詩集(시집) 속의 三十餘篇(삼십여편)의 詩(시)는 이 하늘과 땅 사이에서, **詩(시)를 잘 아는 그 누구라도 이걸 읽는다면,** 승거웁지 않을 것이라고 나는 생각한다. 승거웁지 않을 뿐 아니라, 柳君(류군) 아니면 아무도 構成(구성)해내지 못할 獨自的(독자적)인 構成(구성)의 魅力(매력)을 가지고 있다. 그리고 이런 構成(구성)에 參與(참여)하고 있는 그의 理解(이해)들과 感應(감응)들은 우리 겨레의 精神傳統(정신전통)의 適切(적절)한 選擇(선택)도 잘 해

낸 것으로 내게는 보인다. 人生(인생)을 늘 딱한 極限點(극한점)에서 追求(추구)하여, 거기서 그것을 餘裕(여유) 있게 다시 매만져 가지고 노는, 말하자면 우리나라 선비적인 그런 風流(풍류)가 그에게는 꽤나 잘 나타나 있는데, 이것들은 이미 익살스런 웃음의 感覺(감각)으로까지 化(화)해져 있어, 이 作者(작자)를 꽤나 나이 많은 高齡(고령)의 童心(동심)의 할애비로까지 느끼게 하고 있다.

  늙은 감나무가, 老妄(노망)은 했어도!
  감 하나를, 저 높이 매달아
  놓고 있다!
  그것은
  햇볕과
  물소리가
  결혼한, 달콤한 첫날밤이기 때문이다!
  그것은 짐승 같은 나를 꾸짖는, 순수
  말씀이기
  때문이다!
  또,
  그것은
  昇天(승천)한 내 할아버지가!
  내 아들 딸, 손자가 되어 살고 있는!

  가장, 아름다운 宮殿(궁전)이기 때문이다!!
        〈감하나〉전문

어떤가? 내 序文(서문)의 말씀이 거짓말인지 참말인지 그것은 讀者(독자)들이 識別(식별)해 주시기 바란다.

우리 柳在相(류재상)군은 우리 여러 詩人(시인)들 속에서도 詩(시)를 **가장 잘 공부한 大學生(대학생)다웁다.** 一生(일생) 이렇게 가장 공부를 잘 했던 大學生(대학생)다웁게만 계속 詩(시)에 꾸준하게 노력한다면, 앞으로 틀림없이 이 나라 **'文學界(문학계)'**를 이끌어 갈 가장 훌륭한 詩人(시인) 될 것을 나는 조금도 의심하지 않는다.

一九七七年 五月
冠岳山蓬蒜山房(관악산봉산산방)에서
未堂學人(미당학인) 徐 廷 柱(서정주) 識(지).

—나의 '첫 시집' 〈감하나〉에 주신, 미당 서정주 은사님의 추천 서문—

감하나
– 늙은 감나무가, 노망(老妄)은 했어도

늙은 감나무가, 노망(老妄)은 했어도!
감 하나를, 저 높이 매달아
놓고 있다!
그것은
햇볕과
물소리가
결혼한, 달콤한 첫날밤이기 때문이다!
그것은 짐승 같은 나를 꾸짖는, 순수
말씀이기
때문이다!
또,
그것은
승천(昇天)한 내 할아버지가!
내 아들 딸, 손자가 되어 살고 있는!

가장, 아름다운 궁전(宮殿)이기 때문이다!!

제1시집 〈감하나〉의 표제시(表題詩)
–미당(未堂) 서정주(徐廷柱)의 추천 시–

지금의, 나의 고독 속을
– 시인(詩人)의 길

나[我]는, 확실(確實)한 나를 만나기 위(爲)해!
지금의, 나의 고독(孤獨) 속을!
내
구두
밑창이 다 닳고
또
닳아서,
먼지가
될 때까지! 괴로움의 힘으로
절룩거리며, 걸어갈 것이다! 누구의, 그 누구의
충고(忠告)도 들을 수 없다!
비에
젖어
쓸쓸한
냇가의 저 돌에,
이끼
낀
저 화강암(花崗巖)에! 확실한,
나의 모습이 보일 때까지! 나는, 나의 고독과

함께! 끝까지, 시인의 길[道]을 걸어갈 것이다!!
-시인으로 첫출발하는 나의 맹세-

튤립(tulip) 꽃
- 내 딸 선아(仙娥)

거울[鏡] 앞에 앉은, 내 딸 선아(仙娥)의 양쪽
귀[耳]!
멀리서
들리는
그 향긋한, 사랑의 숨소리를
듣는다!
우리 집,
마당에는!
벌써, 찾아온 벌 떼와 나비 떼! 사춘기(思春期)가
막 열고 간
내
딸,
선아의 그 향긋한 앞가슴은!
어느새,
활짝 핀
튤립!
지금, 한창 봄[春]을 먹고! 손가락 발가락마다
꽃이, 빨갛게 맺는다! 바람에

흔들리는, 내 딸 그 설레는 사랑의 창(窓)가에서!!
-우리 큰 딸 선아의 시-

우리 아버지
– 머슴살이 20년

낫 놓고 ㄱ字도 모르는, 그 쓰라린 무식(無識) 끝에!
찬란히 익어 빛나는, 머슴살이 20년!
뼈마디마다
깊은, 골병(骨病)에
주워
모았던!
그 더러운
개똥은!
어느새, 하얀 학(鶴)이 된다!
이 넉살좋은, 내 친구 현실(現實)아! 너는, 언제부터
그렇게 아름다운 천사(天使)가
되었느냐?
뜰의 낙엽을
쓸어
모으시던, 아버지의
손길은!
현실, 너를! 가장 귀엽고 사랑스러운
똥[糞] 묻은 우리 집, 그 강아지로 쓰다듬고 계신다!
낫 놓고 ㄱ字도 모르는, 그 쓰라린

무식(無識) 끝에! 찬란히 익어, 빛나는 머슴살이 20년!!

－우리 아버지의 시－

● 제2시집 〈소박한 애국〉

조국통일
– 빨간 저 장미꽃

하얀, 흰 구름 가운을 입은
하늘에
제트기
날다!
그
칼날에,
곪은 조국의 맹장(盲腸)이
잘린다!
이때,
그
제트기
날개에
묻은, 선혈(鮮血)을! 5월의

저 장미꽃이, 재빨리 닦는다!!

−조국 통일의 염원(念願)−

소박한 애국
- 공해(公害)는 절대로

심지어, 저 작은 풀 한 포기의 흔들림 속에서도!
내 할아버지의,
그 큰
기침소리가 들리는
내 조국에!
심지어
꺾어진
저 작은 나뭇가지
하나에도, 내 손가락이 잘린 아픔에! 피[血]가
흐르는, 내 조국에!
심지어
작은
풀벌레
한 마리의, 생명까지!
내
생명으로, 느껴지는
내 조국에! 그 어떤 이유의, 찬란한 별빛이라도!
강물에

하늘에, 절대로! 그 새까만, 독(毒)을 풀 수는 없다!!

제2시집 〈소박한 애국〉의 표제시
-나의 애국(愛國) 시-

◐제3시집 〈달콤한 죽음의 연습(演習)〉

솔밭
– 어느 공간에 있어도

솔밭이라면, 그 어느 공간에 있어도!
시인(詩人)의
아내를,
많이 닮아 있더라!
특히
그
옆에,
작은 대밭이라도 하나 더 있다면!
그
풍경의
모습은,
틀림없는 가난한
시인의
아내다! 저쪽
산 밑, 작은 마을의 저녁연기까지!
막둥이, 시동생이라

생각하는! 그런, 시인의 아내[內子]다!!
-가난한 시인(詩人), 내 아내의 시-

달콤한 죽음의 연습(演習)
– 잘 익은 과일 하나만 내 손에 꽉 쥐어다오

지금 마지막 이승, 여기서부터! 내가, 새로이 출발하여! 잘 익은
과일 속의 그 달콤한, 궁궐(宮闕)을 찾아가리다!
나의 전 생애를,
하얀 연기로
가볍게 등에 지고!
저 눈부신 푸른 하늘로,
아무런 두려움 없이
출발하리다! 내 곁에, 사랑하는 사람들아!
마지막 떠나는, 내 손[手]에! 잘 익은, 과일 하나만 쥐어다오!
꽉, 지어다오! 아름답게 찾아가는, 달콤한
내 궁궐 하나를 쥐어다오!
지금,
내 무거운
이 뼈와 이 살을!
찰랑거리는
저 맑고 깨끗한
물빛 위로, 다 전송(傳送)한 다음에! 잘 익은,
과일 속에서! 가장 달콤한, 그 빛나는 금관(金冠)을 쓰고! 다시
한 번

내 증손자(曾孫子), 고손자(高孫子)로! 훨훨, 이승에 찾아오리다!!
제3시집 〈달콤한 죽음의 연습〉의 표제시(表題詩)
–내 죽음 그 너머 까지 꼭 가지고 가고 싶은, 내 시–

*나의 외할머니
– 외손자를 볼 때마다

돌아가신 지가, 벌써 50년도 훨씬 더 넘어!
외손자를 볼 때마다, 온통 눈가로
몰리시던!
그
은은한
주름살
가야금도,
내 어머니께로 다 넘겨준 긴
세월! 지금쯤, 무거운 것들을 다 털어버리고!
차마, 떠나보낼 수 없는 뼈들만
다시 부둥켜
앉고,
깔깔깔
얼마나,
오늘도
또 즐거우실까? 친아들이 없었던
내 외할머니의 무덤가에, 친아들 같은 작은
샘물 하나! 오늘도, 졸졸졸

이렇게! 날마다, 내 외할머니를 모시고 산다!!
*나의 외할머니: 친 아들이 없어 우리와 함께 사시다가, 1963년 5월에 돌아가셨음.
아직도 한없이 그리운, 우리 외할머니의 시–

◐ 제4시집 〈대지의 힘〉

〈서시〉 자화상(自畵像)
– 없으면서 있음으로, 있으면서 없음으로

시인(詩人)이, 성인(聖人)이란 사람이 갑자기 나타났음!
정열처럼 나타나서, 예언처럼
굴러다니고 있음!
그는, 배짱도 없음!
털 난
양심으로,
그 잘난
세상을
제멋대로! 둥근 공처럼,
발로 차고 다니는,
그런
배짱도 없음!
그는, 혓바닥도 없음! 날름거리며 바위를 쪼아
아름다운 여인을 탄생시키는, 그런 나긋나긋한
혓바닥도 없음!
그는
그저, 가까움에서
멀리로! 깊이에서, 높이로!
오직
처박히며
없음에서
있음으로,

있음에서 없음으로!
한없이, 굴러다니는
존재! 언제나 시인을, 성인(聖人)이라
믿고 사는 가장 어리석은 사람! 오늘도, 그는 막노동처럼

예언처럼! 하늘로 땅으로, 막무가내로 지금 굴러다니고 있음!!
　　　　　－시인(詩人)인, 내 자화상(自畵像)의 시－

질경이 풀
– 모진 생명력(生命力)

나는 아침이슬 길에서, 질경이를 밟는다!
밟힐수록, 잎이 뭉개질수록!
오히려, 더 의젓해 보이는
질경이의
그 모진
오랜 뼈대!
하늘을, 붙들기 싫은
저 자존심! 조상(祖上)들의 무덤가를 돌고
돌아서 걸어온, 허기진
그 몇 천 년!
그래도
인간의
그 잔인(殘忍)한 발밑을
구원(救援)의, 손길이라 믿고
살아온! 오직, 하나밖에 없는 모진 생명!

언뜻 본, 내 팔자 하나! 질경이를, 밟는다!!
  　　　　　　　　　　－내 시(詩)의 강한 생명력－

건강한 고독(孤獨)
– 창조적 재산(財産)

지금 나의 고독은, 나의 순수(純粹) 무게!
나의, 순수 재산!
그
누구도, 흔들거나
빼앗을
수
없는!
나의, 절대의 힘!
꽃 속에 저장된, 신비의 세계! 식물성
침묵(沈默) 너머,
자양에
바쁜
뿌리와
함께! 열심히 일하는
나의,
건강(健康)한 고독!
내 삶의, 무게! 창조적, 재산! 시(詩)에
매달려, 부지런히 뛰고

있는! 건강한, 내 고독의 심장(心臟)이여!!

  －내 시(詩)의 창조적 재산－

하늘
– 얼큰한, 술(酒) 한 잔(盞) 끝에

얼큰한, 술 한 잔 끝에! 그만, 하늘에 채소를 심는다!
내 영혼으로 삽질하여, 상추도 심고
호박도
심는다!
저
텅 빈 하늘에, 마련한
내 토지
몇
마지기!
그래도
이 불모지(不毛地)에, 집터를 마련하고!
앞으로, 구름사슴 몇 마리도 기를 예정(豫定)이다!
17년의 내 교직생활에, 남은 이 황무지!
그래도
봄비를,
내
아내로
삼은 건! 다행(多幸)히
호박과
상추에,
충분한
물을 줄 수가 있다! 오늘도 나는

얼큰한, 술 한 잔 끝에! 눈을 깊이 들어 내 토지(土地),
저 하늘에! 저 무섭게,

자라는 미세(微細)먼지! 그 희뿌연, 잡초(雜草)를 뽑는다!!
-내 교직생활, 17년차 되는 해의 시-

대지(大地)의 힘
– 도대체 시인(詩人)이란?

나는 나 이외의, 친구(親舊)가 필요치 않음!
나는 나 이외의, 스승이 필요치 않음!
날고 있는
작은,
저 솔 씨 하나!
그
속에 잠들어
있던,
큰 노송(老松)
한 그루! 나처럼, 스승이 필요치 않음! 나처럼,
친구(親舊)가
필요치
않음! 오직
제
껍질 속에 간직한,
제
힘만으로
태어나! 저렇게 날마다, 가장 행복하게
춤추는 저 노송! *니체(Nietzsche)의, 우뚝
선 그 초인(超人)! 신(神)도

그만, 목졸라버리는! 시인(詩人)의, 그 위대한 힘!!

*니체:(1844-1900) 독일의 철학자 및 시인. '차라투스라는 이렇게 말했다'의 그 유명한 철학서가 있음.

　　　　　　　제4시집 〈대지의 힘〉의 표제시
　　　　　　　　－내 시적(詩的) 자존심－

●제5시집 〈동백꽃〉

인생론
– 말

인생이란? 듣고, 보는 것으로 족하다! 말은, 인생에서
한낱 화려한 사치일 뿐이다! 삶이란? 흙 묻은
길가의
저 작은
돌멩이 하나만, 눈여겨보면
그만이다!
뭇 발밑에, 밟히고
차이는
돌멩이 하나면! 삶의 이해(理解)는
대충, 끝난 셈이다! 삶을, 모르는 자의 말은! 언제나
달콤하고, 기름기가 번지르르하다!
과일의
저 완전한 성숙도,
침묵
속에서! 혼자 익어 떨어져야,
비로소 껍질을
깨고! 내일을 약속하는, 새로운 씨앗이 되듯!
인생이란? 나 이외의 나머지 껍질은, 과감히 버리는
일이다!

그 외 군소리는, 오히려 삶의 무거운 부담일 뿐이다!!

－내 인생론적인 시－

시적(詩的) 친구
― 가장 황당하고 황홀하게 미쳐버린, 어느 시인(詩人)

참 지지리도, 못난 녀석! 흙 몇 덩이를, 제 며느리로 삼고 사는
녀석! 도대체, 아침공기를 그렇게 존경하는
이유가 뭐람?
내버린
신발 한 짝을 주워서
제 양자(養子)로, 삼는 녀석!
꿈틀거리는
지렁이 한 마리이라도
지나치면, 그냥 꾸뻑 절을 하고
악수를
청하는
녀석! 그 많은 먼지를, 제 손자(孫子)라 믿고
일일이 하늘에까지 기르다! 그만, 손발이 저 빈 허공으로
다 늙어버린 녀석! 답답해서, 정말 알 수 없는
녀석!
지상에서
버림받고, 꿈으로 사는 녀석!
대추가 붉어지면
제 피로
붉었다고, 끝까지 우기는 녀석!
또르르, 산을 굴러 내려오는
작은

도토리가!
불쌍하다고, 가을이면 날마다 웅웅 울음 울며
밤[夜]을 지새우는 녀석! 초상집 개[犬]를, 이쁜 제 아내로
데리고 다니는

녀석! 세상에서, 가장 황당하고 황홀하게 미쳐버린 녀석!!
　　　　　－내가 한창 시(詩)에 미쳤던, 그 젊은 시절의 시－

제자의 눈(目)
– 민주주의(民主主義)의 모순(矛盾)

선생님, 서울의 달빛은 추석에도 영 안 보여요!
혹시, 시들시들 앓다가
죽었을까요?
선생님,
고향(故鄕)의 추석 달빛은!
지금쯤
그 잘 익은
김치 맛이, 한창 나겠지요?
이곳, 창백한 서울 친구들은! 달빛도, 백화점에서
얼마든지 살 수 있다고
막 우겨요!
달빛도
통조림으로, 나온다나요
어쩐다나요?
하기야,
요즘 서울에서는!
닭도, 발이 네 개라는 친구들이 너무 많아서!
선생님, 저는

항상! 다수결(多數決)로, 그만 지고 말아요 선생님!!
     – 오늘날 우리의 현실–

◐제6시집 〈가슴 뛰는 세상〉
가슴 뛰는 세상

누구나 눈부신 마음으로, 세상에 버린 것들을 속속들이 응시하면!
황홀(恍惚)하지 않는 것이 단, 하나도 없다! 세상에서
가장 더러운, 저 시궁창 밑바닥도
속 깊이 응시하면!
거울 앞에서 화장하던
그 예쁜,
우리 누님의 갸름한 얼굴이 보이고!
행복해서, 막 춤추던
모든 삶들이
속속들이 다 비치고
있다!
길가에 우연히
밟히는 과자 봉지 하나라도, 속 깊이 응시하면!
밤새도록 잔업(殘業)에 지친 어린 여공의 깜찍한 얼굴이, 오랫동안
내 여동생처럼 떠오르다가 사라지고! 구멍가게
앞에서 말없이
침
흘리던 김 씨네
어린이가
자꾸만, 어릴 적
내 기억(記憶)처럼 가물거리고 있다!
책장을

넘기면서, 아득하게
종이를 응시하면!
푸른 숲 속에, 새떼가 막 날아 앉고!
깊은 골짜기에서 물소리의 축복 속에, 사슴 한 쌍이
지금 막 뜨거운 초야(初夜)를 끝내고 있다! 누구나 눈부신 깊은
마음으로, 세상에 버린 것들을 속속들이 응시하면!

시인(詩人)이 따로 없는, 가장 가슴 뛰는 아름다운 세상이 된다!!

제6시집 〈가슴 뛰는세상〉의 표제시
-내가 바라보는, 참 아름다운 세상-

그 짧은 봄날의 하루
- "형님 팔씨름 한번 합시다" 이렇게

또 하루가 시작되는, 어느 그 맑은 봄날 아침! 저 먼 산마을
살구꽃이, 저쪽 저 빈 허공접시 위에
매콤한 술안주로 놓일 무렵!
동쪽 하늘은
어느덧, 몰래 옷 벗는 여인의 살결을
드러내고!
눈부신 햇살도
저쪽에서 이따금씩
풀꽃냄새 섞인, 여인의 그 향긋한
비뇨기(泌尿器)냄새를 아롱아롱 풍기고 있다! 봄빛에
들녘도 취(醉)하고, 나도 흠뻑 취할
무렵! 바람과
흰 구름 그 녀석들,
벌써
마음껏 신나게 떠들어대고! 어느새
점잖은 어둠이
저쪽에 밥 짓는, 저녁연기
그 하얀 막걸리를 따를 무렵!
저 먼 산마을, 깜박이는 작은 불빛 하나가! "형님, 팔씨름

한번 합시다!" 이렇게, 나에게 농담(弄談)을 걸어오고 있다!!
-어느 짧은 봄날의, 내 시-

산딸기
– 내 피[血] 속으로 오는, 소풍(逍風)

작은 열매들이, 여름[夏]의 예쁜 딸이 되어!
한창 달콤하게, 자라고 있다!
아직도
막내는,
새파란
말괄량이다! 개구쟁이
산새들도,
산딸기들의
엉덩이가 도톰해지면! 괜히 행동(行動)에
자르르, 기름기가 돈다! 빨간 산딸기들의
외삼촌인,
저쪽
뻐꾸기는! 아직도, 정처
없이
떠돌아다니는
바람난
건달이다! 오늘은, 산딸기들의
고 달콤한 식구(食口)들이! 모두들, 신나게

깔깔대며! 내 핏속으로, 소풍(逍風)을 온다!!
-여름[夏], 산딸기 막 익어가는 어느 날의 시-

◐제7시집 『정말 반성해 봅시다〉

우리 아들 *용아(龍我)에게
– 무진년(戊辰年)〈1988〉 새해, 첫날에

무진년(戊辰年) 새해, 첫 날이 밝았다! 용(龍)의, 해가 밝았다!
내 아들, 용아(龍我) 해가 밝았다! 제 어미 꿈에, 여의주 문
황용(黃龍)으로 날다가 태어난!
사랑하는, 내 아들 용아! 못난, 네 어미 아비보다
더 똑똑한 아들이 되어다오! 사랑하는, 내 아들아!
네
어미 아비가 살아온
아픔을, 하나도
말하지 않으련다!
너도 살아보면, 알 수 있기 때문이다!
사랑하는, 내 아들 용아!
시작 속에
끝이 항상
살아있는, 이 시간을 좀 아껴다오!
네 어미 아비가 놓치고만, 가장 아쉬운 것이 시간이란다!
내 아들아! 마음만은, 큰 부자로 살아다오! 네 어미 아비는
마음만은, 가장 큰 부자고! 나머지는
가난했기에,
오히려
행복했단다! 사랑하는, 내 아들 용아!
내 조국 이 산하
구석구석에서

들려오는, 물소리
한
가닥! 새소리
하나, 풀 한 포기라도! 혹시나? 더러운, 때라도
묻을세라! 네 어미 아비는, 가슴 조이며 살아왔단다!
사랑하는, 내 아들아! 네 운명은
네 스스로, 개척해 다오! 네 어미 아비는, 비록 못난
사람이긴 하지만! 운명을 개척하기 위해, 너무나 당당하고
도도하게 살아왔단다! 알았느냐? 사랑하는, 내 아들 용아!

너는, 네 어미 아비보다! 더 멋지고, 더 행복한 삶을 살아다오!!

*유용아(柳龍我): 1975년 7월 13일 0시 40분에 태어나다.
　　　현재〈의학박사 · 성형외과전문의 · 병원원장〉
　　　-엄마 아빠가 사랑하는 우리 아들 용아에게-

사람인 내가 부끄럽다
– 한 쌍의 저 제비 앞에서

무언가 분명(分明)하게 말하듯, 나의 바보 같은 몰골을! 하늘에
커다랗게 그리는, 한 쌍의 저 제비 앞에서! 나를 모르는, 내가
부끄럽다! 사람은
누구라도 손바닥이, 뒤로 발랑 뒤집어지면 애처로운 구걸이요!
퍽!
손바닥이, 앞으로
엎어지면
강도(強盜)란다!
이렇게, 요사스런 사람인 내가 부끄럽다!
큰소리치던, 이 나라 국회의원
모모 씨의
그 재산! 수백억 원은
돋보기
너머로 보이는
이 나라, 하늘을 몽땅 팔았을까?
아니면, 젊은 아내의 금테 두른 그것을 팔았을까? 하루일당
오만 오천 원짜리, 정직한 내가 부끄럽다! 어느, 몹시 무더운
여름날! 넓은 운동장, 그 따가운
땡볕 아래! 뻘뻘
땀
흘리며, 그렇게도
보고 싶었던

아들딸 찾아가는! 고 작은 벌레
한 마리의 앞날에, 두 손 모아 기도는
못할지언정!
가다가
다시 뒤돌아 와,
그만
그 흔적도 없이! 싹, 발바닥으로 문질러버려야! 어쩐지, 속이
시원한 이러한 사람인
내가 부끄럽다! 작은 나뭇가지 하나를 꺾어도, 내 손가락에서
먼저 피가 나고! 작은 풀 한 포기만 뽑아도, 저 멀리서 조상들의
기침소리가

들리는! 이러한 사람이, 정말 사람인데 나는 내가 참으로 부끄럽다!!
-부끄러운, 내 양심에게 묻는 시-

● 제8시집 〈돌아보기 · 1〉

희순〈1〉
– 한 소녀의 이름을 빌려서

저는 늘 혼자 있어도, 당신과 더불어 있습니다! 빈 공간이란,
저에게 없습니다! 하늘에서 새가 날거나
나뭇가지가 바람에 흔들릴 때마다, 저는 항상 당신과 같이
있음을 확신(確信)합니다! 사랑한다는 것이?
바로, 이런 것인가 봅니다!
죽음 뒤에도
영원히 당신과 더불어 살아있을 것을, 저는
확신합니다!
저는, 이럴
때
한없이 기쁘고 행복합니다!
고달픈
현실이
당신 때문에, 오히려 가장
만족스럽습니다! 어둠의 저 캄캄한 혼돈(混沌)이
당신 때문에, 혼돈스럽지 않습니다! 내일 다시 새로운 모습으로
나타나실, 당신의 모습을 기다려봅니다! 사랑이란?
바로, 이런 것인가 봅니다!
아침마다
당신의
사랑으로, 새롭게 부활합니다!
늙어가는

것이
몹시 안타깝게
생각하다가도, 당신을 사랑하고 있기에! 오히려
날로, 새롭게 젊어지고
있습니다! 제 짧은, 삶의 시간을!
당신의 그 영원(永遠)한 시간으로, 바꾸어 느끼는
순간! 그때가, 가장 황홀할 때입니다! 제 종교는, 바로 당신의
사랑입니다! 한 소녀의, 이름을 빌려서
당신을 사랑을 합니다! 당신의 높으신 존재를, 한 소녀(少女)의

존재로 바꾸어 놓고! 당신의 힘을 빌려, 그 소녀를 사랑합니다!!
　　　　　-내 사랑의 종교(宗敎)-

희순이〈81〉
– 그냥, 허물없는 친구나 연인쯤으로…

눈부신 저 햇빛과 촉촉한 물기는, 한 쌍의 부부입니다! 당신이 맺어준, 행복한 한 쌍의 부부입니다!
햇빛과 물기는,
귀여운
새싹을 낳아 기르고! 꽃잎도, 예쁘게 길러서! 머나먼
열매까지, 가장 달콤한 과즙이 되도록!
당신이,
정성껏
기르고 또 기르고 있습니다! 하늘의 아들인 우리
인간과, 바람의 조카인
저 구름이!
당신을 두고,
얼마나 사랑했기에!
오늘은
심한 격투라도
할 것 같은, 그런 흐린 날씨입니다!
세월(歲月)이 흐르고 흘러, 그렇게 아름답던 우리의 그리움과
사랑도! 이제는, 얼굴의 주름살과
함께 많이 늙었나
봅니다!
늙어가면서 굳지
당신을,

그 성스러운
신(神)이라 부르지 않겠습니다!
그냥, 허물없는 친구나 연인쯤으로 해 두겠습니다!
저는,
지금껏
한 소녀의 이름으로! 당신을, 사랑해
왔습니다! 저 눈부신 햇빛과 촉촉한 물기는, 당신이
맺어준
가장 행복한 한 쌍의
부부입니다! 이 우주의 모든 생명을 낳아
기르는, 가장 행복한 한 쌍의 부부입니다! 지금까지, 한 소녀의

이름으로 사랑해 온 당신이! 바로, 제 삶의 신앙(信仰)이였습니다!!
　　　　-한 소녀의 이름으로 당신[自然]을 사랑했습니다-

◐ 제9시집 〈돌아보기 · 2〉

벌레 먹은 사과 한 알
– 분단된 내 조국

잔인한 것은, 분단이야! 벌레 먹어 구멍 난 사과 한 알을, 두 쪽으로 갈라보면 알 수 있어! 적(敵)으로 오인되는 일당의 벌레들이, 불투명한 배설물로 경계선을 그어놓고 한 알의 사과를 두 쪽으로 나누어! 이 나라 6.25 그때처럼, 펑 펑 그렇게 그 구린내 나는 방귀대포(大砲) 막 쏘아대며! 두 쪽으로 나누어, 지금 한창 신나게 파먹고 있을 거야! 이 나라 사과나무 저 먼 가지 끝에, 붉은 쪽과 푸른 쪽으로 나누어 대롱거리는! 벌레 먹어, 구멍 난 사과 한 알! 서로, 신맛이다 단맛이다! 이렇게, 일당의 벌레들이 무섭게 으르렁거리고 있을 거야! 이럴 때, 그만 하늘에서 번쩍, 저 번개처럼 날카로운 송곳 하나 내려와! 신맛과 단맛으로 분단된, 혓바닥을 막 찌를 거야! 안쪽과 바깥쪽을, 물어보듯 대답하듯 찌를 거야! 두고 봐, 사과 맛이 달콤하게 하나로 통일될 때까지! 가장 쓰리고, 아리도록 막 찌를 거야! 참으로 안타까운 것은, 한 알의 사과 속에 벌레들의 분단이야! 아직도 병(病)든, 우리들의 혓바닥이! 사과의 신맛과 단맛을 모르는, 캄캄한 혼돈(混沌)이야! 이 나라 사과밭에, 반세기(半世紀)가 훨씬 넘도록! 붉은 쪽과 푸른 쪽으로 나누어, 대롱거리는 저 사과 한 알! 사과의 단맛을 지배(支配)하는 그 햇빛의 방향(方向)을, 아직도 찾지 못한 거야! 잘 익어, 하나로 통일된 그 달콤한 사과 맛을! 하얗게 백태(白苔) 낀 우리들의 혓바닥이, 한 번도 맛보지 못한 거야! 잔인한 것은, 분단이야! 벌레 먹어 구멍 난 사과 한 알, 두 쪽으로 갈라보면 알 수 있어! 아직도, 무섭게 양쪽에서 서로 으르렁거리는! 벌레들의, 그 무섭고 징그러운! 소름끼치는, 그 꿈틀거림을...!!

–분단 된 내 조국의 현실–

하여튼, 아름답고 참 이상한 시(詩)
– 석류꽃과 갓 핀 하얀 박꽃과 시인(詩人)

저쪽에 만발한, 석류꽃 그 빨간 입술이 무언가 참 수상했어요! 한 중년쯤 늙은, 올 여름[夏]과 한창 다정히 속삭이고 있었어요! 이럴 때, 양철지붕의 저 강한 햇빛이, 젊은 그 석류꽃 남편이라는 소문이 자자했어요! 이때, 여름의 딸, 저 박꽃이! 막 여름학교에서 돌아오면서, 하얀 운동화를 신고 있었어요! "촉촉한 제 뿌리 쪽은 조금도 걱정 마시고, 하얀 입술 쪽만 제발 좀 잘 보살펴 주세요? 하느님아저씨!" 이렇게 박꽃이, 저녁 쪽으로 하얗게 막 돌아 눌 무렵! 저쪽에서, 어둠의 그 구레나룻이 보였어요! 갑자기 비명소리와 함께, 박꽃의 피가 하얗게 솟구쳤어요! 어슴푸레한 초사흘 달, 그 예리한 칼날에 찔려! 쓰러지는 박꽃의 입술은, 정말 아름답고 눈부셨어요! 때마침, 깜빡이는 저쪽 초가집 불빛이 막 옷을 벗고, 잠자리에 들 그 무렵이었어요! 강아지들이 막 컹컹, 그 날카로운 움직임을! 마당 가득히 꽃잎처럼 빨갛게 뿌려놓기, 이전(以前)의 상황이었어요! 그 다음은, 나도 몰라요! 입술이 더욱 하얗게, 옆으로 돌아앉은 박꽃이 너무나도 아름다워! 그 다음은, 나도 잘 모르겠어요 정말이에요! 옆에서 늘 시인(詩人)을 가장 자랑스럽게 지켜보시는, 우리 하느님아저씨! 제발 좀, 이럴 때! 무어라? 꼭, 몇 말씀 하셔야 되는 것 아니에요……?!

–내가 쓴, 하여튼, 참 아름답고 이상한 시–

◑제10시집 『여보! 당신만을 사랑해요』

– 〈서시〉오래된 흑백 사진 외 49편과 평설〈평론〉–

〈서시〉오래된 흑백 사진
– 아내의 미소(微笑)

결혼 초기, 가장 아름다웠던 아내와 나의 흑백 사진! 아침마다 호호 불어 닦는 뜨거운 내 입김에, 달콤한 옛 추억이 하얗게 묻어난다! 아직도 행복한 그때의 미소(微笑)가, 오직 자식들에게 물려줄 우리 집 가장 큰 유산(遺産)이요! 재산이다! 비밀(秘密) 같은 엄밀한 우리의 나이가 어느새 저 가파른 60고개를 넘어가는데, 30년 전의 황홀한 아내의 미소가, 아직도 지친 나를 앞으로 힘차게 달리게 하는 강한 엔진(engine)이다! 별빛과 달빛을 모아 탑(塔)을 높이 쌓아올리는 우리 집! 오늘밤에도 탑돌이 하는 우리 두 내외의 발걸음 앞에, 작은 돌멩이처럼 자꾸만 자잘하게 밟히는 자식들 걱정, 이것이 또한 우리 내외가 살아가는 또 다른 즐거움이다! 결혼 초기 아내와 나의 흑백 사진! 가장 황홀했던 젊은 날의 미소가, 어느새 하루하루 자식들의 유산(遺産)이 되어 가고 있다!!

1997년 6월 15일
月葉 류 재상 씀.

우리의 신혼 초기

여보! 우리가 큰아이 낳고서도, 그 얼마나 셋방을 옮겼습니까?
지금 와서 헤아려 보는, 당신의 손가락 끝에서!
벌써, 5월의
그 짙은 라일락 향기가 납니다!
추위를 모르는
따뜻함은,
언제나
서글픈
저 먼지와 같습니다!
물질의 풍요보다
어려운 가난이, 얼마나 위대한 스승인가를 알았습니다!
건강(健康)한 내일은, 늘 오늘의 고통(苦痛)에서 배우고
익혀야 하듯이!
여보! 우리가 걸어온
그 힘든,
삶의
나날들이!
혹시, 저 멀리서
들리던 반가운 봄소식이 아니던가요?
희망 앞에
놓인 어려움은, 가장 놀라운 힘일 수 있습니다!
물구나무서서 걷는, 고된 마지막 고비가! 가뭄 끝에 걸려 있는

비(雨)를, 실은

가장 알찬 구름임을! 여보! 이제야, 겨우 비로소 알 것 같습니다!!

나의 고백

여보! 당신을 가장 깊이 사랑하는 방법(方法)은, 하늘을 읽고
우리의 인연을 이해하는 이것 하나뿐입니다! 단풍잎이
저렇게 곱게 물드는 것도
오직, 당신의 작은 사랑의
이해에 불과합니다! 오직, 당신의 작은 말씀에 불과합니다!
우리의 시간이, 하얀
연기(煙氣)로 흩어지는 그날까지!
여보! 나의 믿음은, 당신
한
사람뿐입니다!
날마다
뛰어도, 늘 제자리에
머물고 있는 나는! 저 맑은 하늘같은, 당신의
품안에 뛰어들고 싶어! 오늘도, 사랑의 준비를 하고 있습니다!
긴 영원은, 어쩌면? 가장 짧은, 순간의 일입니다!
끝없는 당신의 사랑
앞에
준비된, 나의
고백은!
이제는, 저 빗방울이나
흙이라도 좋습니다! 빗방울이나
흙에 이르는, 나의

그 기나긴 여정(旅程)도! 여보! 오직, 가장 사랑하는 당신에게
맡겨진 시간입니다! 당신만을
오직, 사랑하는 믿음으로!
내 삶은, 가장 압축된 작은 심장으로 뛰고 있습니다!
저 가느다란 매미의 울음 끝에서, 당신이 주신 영롱한 삶의
의미를! 여보! 오늘도

천천히, 하늘을 읽으며! 당신의, 그 사랑으로 이해하고 싶습니다!!

한 쌍의 무덤과 신혼여행

여보! 내가 먼저 시간 밖으로 간대도, 당신이 먼저 시간 밖으로 간대도! 살아 있는 만큼 기다렸다가, 저쪽에 새파랗게 살아 있는 한 쌍의 다정한 저 무덤처럼!
여보! 우리도 죽어서, 다시 한 쌍의 무덤으로 살아나!
해마다
잔디가 새파랗게 돋아나는, 그런 영원한
신혼부부가 됩시다!
죽어도 죽지 않고 살아 있는
행복한, 무덤으로! 여보! 우리는
다시 한 번
영원 속에
신방(新房)을
꾸미는, 가장 황홀한 초야(初夜)를
꿈꾸며 기다려 봅시다! 죽어도 다시 영원히 젊어질
그날의 믿음으로, 오늘도 우리의 발걸음은 한없이 가볍습니다!
끝은 언제나 새로운 출발이라는, 당신과 나의 행복한
그 믿음이 있기에! 우리 앞에 남은
시간(時間)이,
어쩌면?
가장 인자한
어머니가, 될지도 모르겠습니다!
여보! 당신과 내가, 시간 밖으로

신혼여행을 떠나는 날!
작은 풀꽃 속에다, 마지막 아름다운 우리의
뜨거운
입술을 남겨 놓고! 살아서 그렇게 존경했던, 하느님이
우리의 살갗을! 저 멀리 물빛 너머, 물소리까지
쫓아버리고 나면! 이제는
영혼 하나만 가볍게 달랑 들고, 해마다 새롭게 새파랗게 잔디가
돋는! 저 아름다운 무덤으로, 신혼여행(新婚旅行)을 떠나게 되면!
여보! 우리의

사랑은, 죽어서도! 살아 있는, 사람들의 영원한 질투가 되겠지요!!

당신의 돋보기

여보! 당신의 돋보기를, 처음 사 오던 날! 가슴에서, 눈물이
핑 돌았습니다! 삶의 연약한 꽃잎 위에
허무(虛無)의
무게가, 너무나 커졌기 때문입니다!
바람결에, 스쳐간 그 세월!
구름으로
그려진 연꽃 위에
커다란
당신의
소중함이, 더욱
정결(淨潔)하게 걸려 있습니다! 일렁이는
당신의 돋보기 너머, 보다 또렷해진 바늘귀 하나!
구멍 난, 우리 집 양말 한 켤레도! 이제는
얼마나, 건강하고
튼튼한지
모릅니다!
바람결에 스쳐간
세월이
너무나도, 허무했기에!
절대(絕對)로, 허무해질 수 없다는
봄 햇살 속에 저렇게 자지러지는 꽃잎처럼!
바늘 쥔 당신의

눈빛이, 오늘은 더욱 빛납니다! 여보! 당신의
돋보기를, 처음 사 오던 날! 가슴에서, 눈물이 핑 돌았습니다!
삶의

연약한, 꽃잎 위에! 허무의 무게가, 너무나 커졌기 때문입니다!!

넉넉한 나이

여보! 우리들 나이 앞에, 별빛도 찬란히 무릎을 꿇고
말았습니다! 5월 햇빛에, 장미꽃이
저렇게 아름답게 피는 오랜
질문도!
이제는
건강한
애교로 보아 넘길, 그런 넉넉한
나이에 도달했습니다!
삶의 뼈아픈
긴
터널을 지나,
그 뒤에 찾아오는 넉넉함으로!
여보! 우리는 나이 속에서, 지금 성숙해 가고 있습니다!
지금쯤, 우리는 어디쯤 왔을까요? 왠지 저 푸른 하늘이
따뜻한 체온(體溫)처럼 느껴지는,
그런 넉넉한
나이에
도달했습니다!
연기(煙氣)처럼 사라지는
마지막, 종착역에서! 여보! 우리는
다시,
새로운

열차를
타야 합니다! 두근거리는
이 심장(心臟)과, 뜨겁게 끓어오르는
이 붉은 피도! 뿌리 너머, 나무들의 저 푸르름에 다
넘겨주고! 언제든지

영원으로, 가볍게 돌아설! 그런 넉넉한, 나이에 도달했습니다!!

당신 곁에서 늙어 가는 기쁨

여보! 당신은, 이제 더욱 아름다운 풍경입니다! 아이들이 막
자유롭게, 산새처럼 뛰노는 한가로운 산골 마을!
당신은, 언제나 그런
풍경입니다!
이제는, 당신 눈가의 주름살도
어항 속의 아름다운 금붕어로
변하고 있습니다!
나이를
먹고 있는
기쁨
속에, 당신의 무게는 소중합니다!
여보! 당신이, 있기에! 늙음 속에 불타는, 새로운 젊음이 있음을
알았습니다! 나이 앞에, 부끄럽지
않게!
어둠에
방황하는,
저 무명(無明)의 바위들을!
활짝 핀 연꽃으로 일깨웁시다!
새 한 마리 멀리 날아가는, 그 작은
질문(質問)에도!
당신의 깊은
사랑으로, 대답하겠습니다!

여보! 당신은, 이제 더욱 아름다운 풍경입니다!
복사꽃 막 등불처럼 흔들리고, 푸른 솔밭들도! 옛 이야기처럼

속삭이는, 산골 마을! 당신은, 언제나 그런 평화로운 풍경입니다!!

결혼 20 주년에

여보! 우리가 20년 전에, 결혼한 그날! 날씨는 내 성격처럼
좀 쌀쌀했으나, 하늘은! 유난히
당신의
그 눈빛처럼, 맑았습니다!
작은 시골의 예식장에서,
하객의
조촐한
축하 속에!
당신의
손끝이 파르르 떨려오는, 그 진동이!
아직도 나의 깊은 사랑 속에, 강한 전류로 흐르고 있습니다!
오늘처럼(1992년 1월 13일), 이렇게
눈[雪]이
많이 오는 날은!
우리가
걸어온 삶의 발자국이
유난히, 크고 뚜렷합니다!
여보! 지금
우리 3남매가, 얼마나 건강합니까!
날마다, 더욱 추워지는 이 겨울인데도! 저 멀리서, 들려오는

봄소식에! 벌써, 우리 가족의 두 귀가 모두 쫑긋해졌습니다!!

아직도 우리의 사랑은

여보! 우리의 사랑은, 아직도 활짝 핀 석류(石榴)꽃!
시간이, 이제 제아무리 흘러도!
언제나,
윙윙거리는 꿀벌입니다!
여보! 당신의 입술
가로,
여백처럼
아련히
번지는 미소가! 어느새
온 산을 촉촉이 적시는, 그런 산새 소립니다!
세상이 살벌한 어둠에
싸여
제아무리
결과는,
뜨거운
심판(審判)일지라도!
당신을, 사랑하는 나의
믿음은!
아직도, 기도하는 촛불입니다!
여보! 우리의 사랑은, 아직도 변함없는 날갯짓!

시간이, 이제 제아무리 흘러도 영원히 푸른 하늘입니다!!

설경(雪景)

여보! 당신의 사랑은, 언제나 설경(雪景)입니다!
추위를 온통 빨아들인, 저 원경(遠景) 너머
포근히! 설경 속으로 안기어
가는, 풍경이
바로
우리 가정의
행복입니다!
저 많은 새들의, 고향(故鄕)이라
해도 좋고!
저렇게 막 깔깔거리다
그만 치쳐버린
저 맑은 하늘의, 웃음소리라 해도 좋은
우리 집 행복에! 영혼의 박수가 끊이지 않는 것은
바로 당신의 그 포근한, 설경 때문입니다!
저렇게, 자동차처럼
그 무서운 쇳덩이도
구름처럼 온순해지는! 저 아련한
겨울 설경
속으로, 나는
당신의 사랑을
느끼며
오늘도, 하루 종일 걸어봅니다!

여보! 당신의 사랑은, 언제나 설경입니다!
추위를 온통 빨아들인 저 원경 너머, 포근히 설경 속으로

안기어 가는! 풍경이, 바로 우리 가정의 행복입니다!!

눈 오는 밤에

여보! 삶이란, 온통 물음뿐이고 대답(對答) 하나 가질 수 없는!
가장 빈곤한 것이라, 할지라도! 이렇게 온 세상이, 하얗게
눈 내리는 밤이면!
소중한, 사랑의
물음
위에!
나의 대답 하나, 동그랗게
놓일 것 같습니다!
당신의
사랑 앞에 우리
가족의 무게가, 참으로 무겁다 할지라도! 이렇게 온 세상이,
하얗게 눈 내리는 밤이면! 당신의 밝은 용서와, 이해(理解)로!
우리 집 온 방안은
온통,
행복(幸福)으로
환하게 가득찰 것 같습니다!
여보!
이렇게,
깊어 가는 밤!
하루의 고달픈
당신의 숨결 위로, 이렇게 온 세상이 하얗게 눈 내리는
밤이면! 당신의 눈가의 잔주름도, 오늘은 너무나 아름다워!

참으로, 고마워

말 못하는 내 눈길이! 자꾸만, 당신의 얼굴에 머물러 있습니다!!

당신이 꿈꾸는 밤에

여보! 지금 한창 창밖에 눈[雪]이 내리듯, 그렇게 포근히 꿈꾸는
당신의 얼굴에! 오늘도 내 얼굴을, 가만히
꽃잎처럼 포개 봅니다! 유난히, 따뜻한 당신의
입술이!
오늘따라, 잘 익은 모과 향기로
온 방안에 가득합니다!
우리는, 아직 제주도 한 번 못가 본 부부이지만!
남들은 다 간다는, 외국이 있는지도
잘 모르는
부부이지만! 여보! 오늘밤만은
당신의
포근한
꿈속에서, 하늘 높이 나는
비행기(飛行機), 신나게 한 번 타 보시구려!
밤늦게 공부하는 애들 걱정은, 오늘만은 내가 하겠습니다!
여보! 지금 한창 창밖에 눈이 내리듯, 그렇게
가장 포근히 꿈꾸는 당신의
얼굴에!
건강한
우리 3남매의 미소를, 별빛처럼
포개 봅니다!
유난히, 따뜻한 당신의 손등이!
오늘따라, 촛불처럼 온 방안에 환하게 켜져

있습니다! 여보! 창밖에
소복이 눈 내리는, 아까운 이 밤에!
제발,
못난 남편이 사는 현실로! 꿈속에서 돌아오지 마세요!
꿈 많은 꽃밭의 이슬 같은, 소녀로 계시다가!
저 멀리 백마(白馬) 타고 오는, 왕자님을 꼭 만나셔야 합니다!

밤늦게, 아직도 공부하는 애들 걱정은 오늘만은 내가 하겠습니다!!

어제의 부부싸움

여보! 우리 집 대문을 활짝 열던, 목련꽃도 토라져! 그만
옆집으로 가버린, 어제의 우리 부부싸움은
분명 내가 잘못했습니다!
다 자란 자식들 때문에, 일일이 말 못하고
혼자 고민하는!
당신의
숨은 뜻, 깊이 헤아렸으니!
당신의 눈썹에 앉아
놀던, 행복의
새떼들!
제발, 저 멀리 쫓지 마세요?
오늘밤 늦게까지, 떠오르는 달빛에 꾸중 듣고! 내일 아침
일찍, 금슬 좋은 새소리를
혼자
깊이 듣겠습니다!
여보! 부부란 늘 하늘과
같아서,
한 점 티 없이
맑다가도! 때때로 구름이 끼고, 무섭게
소나기가 오듯이! 우리 부부도
내일쯤은, 다시 맑은 하늘에 햇빛 창창하겠지요?
여보! 우리 집 대문을 활짝 열던, 개나리도 노랗게 토라져!

그만 옆집으로,

가 버린! 어제의, 우리 부부싸움은 분명 내가 잘못했습니다!!

부부의 사랑

여보! 우리의 삶에서 가진 것은, 서로 믿고 사랑하는 이것
하나뿐입니다! 영혼 속에 간직한 재산(財産)은
오직, 이것 하나뿐입니다!
자식들이
다 자라, 제 갈 길로 뿔뿔이 떠나고
나면! 우리 집에 남은 것은,
당신과
나뿐이고!
나는
당신뿐이고, 당신은 나뿐이라는
이 엄숙한 사실
하나뿐입니다! 여보!
그래서 당신의 존재는, 너무나 소중합니다!
참으로 보기에도 아깝다는 생각을 늘 하면서도, 때때로
당신을 실망(失望)시켜! 몹시, 죄송할 때가
한두 번이 아니었습니다!
그때마다, 당신은
남다른 이해와 용서로! 오히려
감싸는
그 무게,
언제나
저 하늘이었습니다! 여보!

부부는, 결코 둘이 아닌 완전한 하나일
뿐입니다!
설익은 열정의 시간을 넘어, 깊은
이해와 용서로! 서로 익어 가는, 성숙입니다!
부부는 우리의 짧은 삶 앞에서, 가장 잘 익은 과일입니다!
삶의, 가장 아름다운

열매는! 오직, 부부(夫婦)라는 이 달콤한 과일 하나뿐입니다!!

당신 생각에

여보! 오늘도 당신의 사랑 그 속으로, 외출해 봅니다!
무더운 하늘 아래, 제아무리
찌푸린
여름일지라도!
오늘의
삶을, 당신처럼
그렇게
사랑하고 싶습니다! 당신의
사랑으로, 혼탁한 내 존재를 날마다 살펴보겠습니다!
가장 충만(充滿)한 기쁨은
오직, 사랑
하나뿐이라는데?
여보!
오늘도 당신의
그 정결한
사랑 속으로, 외출해 봅니다!
저 어두운 공간(空間) 속에, 찬란한 별빛이 뜰 때까지!

오직, 당신 한 사람의 사랑 속을 깊이 걸어가 봅니다!!

당신의 존재

맑은 물소리에도, 당신의 하얀 귓바퀴가 보이던 그런 시절!
그때 당신의 눈썹에는, 사랑의
비둘기 떼가
가득히 날아 앉아 있었습니다!
당신의 그리움이
찔레꽃으로
막 피던 봄날, 먼데에서
뻐꾸기가 당신의
긴 속눈썹으로 하루 종일 울었습니다!
날마다 봄비만큼, 당신과 내가 촉촉이 젖어 오던 젊은 시절!
새싹으로 가득 찬, 우리의 사랑 앞에!
아침마다 태양도,
질투(嫉妬)하며 떠오르고
있었습니다!
여보! 오늘 당신이
우연(偶然)히, 깨뜨린 유리컵이!
젊은 시절
우리의 사랑을 알았는지? 방바닥에
쏟아지는, 순간! 그만, 모두가 향기로운 매화꽃으로 활짝 피고
말았습니다! 대답보다 질문이 더 많은, 우리의

그 고된 삶에서! 당신의 존재는, 나에게 진정 신앙에 가깝습니다!!

청소하는 가을날

여보! 당신이 먼지를 털고, 힘들게 우리 집 마루를 닦는
동안에! 벌써, 가을 하늘은 얼마나 순결(純潔)합니까?
저 눈부신
가을 하늘
그 아래, 고개 숙인 들판의
황금빛 인사가!
오늘은,
당신을 향하고 있음을 알았습니다!
여보! 이렇게 시간이
허락할 때, 당신 이마에
흐르는
그 땀방울이나 좀 닦으세요?
나머지는, 내가 털고 닦겠습니다! 아직도, 구석구석 닦다
남은! 찌들은, 가난(家難)의
얼룩들이!
끝내, 당신의 순결한 사랑을
더럽혀 오면! 저렇게
황금물결 출렁거리는 도도한 그분의
마지막,
은총(恩寵)이라도
구원해 보겠습니다!
여보! 이제, 그만 걸레 놓으시고

창밖을 보세요?
들국화 활짝 핀
가을이, 우리를 부르고 있습니다! 햇빛이, 마지막 익어
황홀한 저녁 무렵! 저렇게, 주렁주렁 익어 가는 과일 속
당신의 가장 달콤한!

사랑의 그 속 대문(大門)을, 오늘은 제가 활짝 열겠습니다!!

우리의 물빛사랑

여보! 당신 닮은 저 신선한 공기와, 푸른 물빛들이!
그만 짐승 같은, 저 검은 폭력 앞에! 순결을 잃고
이제는, 자꾸만 온몸이
더럽혀지는
세상입니다!
이럴 때, 아직도 당신 눈[目]
속의
그 맑은 하늘은!
여전히,
푸르기만 합니다! 흰 구름 둥둥
떠가던,
옛 우리의 그 긴 사랑의 이야기가! 그대로, 변함없이
아직 남아 있습니다! 삶의 어두운 저 캄캄한 길목에서
비틀거리는,
인간(人間)들의 저 무거운 안경테
너머로!
별빛도 달빛도
자꾸만
먼지처럼
까맣게, 넋이 나가고 있습니다!
신선한 공기에
취해서, 그 많은 푸른

물빛을! 마음껏 끌어안고, 뒹굴던 그 젊은 시절!
여보! 당신의 질투 끝에, 그만 그 둥그런 보름달이!
우리의, 가슴속에

가장 촉촉하게 떠오르던! 그때가, 가장 그립습니다!!

장미꽃 당신의 사랑

여보! 당신은, 언제나 끝없는 만족입니다! 온 누리에
울려 퍼지는, 눈부신
저 아침 햇살 속에!
오늘도, 자양(滋養)을 준비하는 만족한
나무들이! 당신 품안에 안긴, 그런
늘 푸른
우리 가족(家族)입니다!
여보! 나는
언제나,
싱싱한 갈증입니다!
이렇게 우리들 세상이, 자꾸만 메말라!
목 타는 삶의 뿌리들이, 내일(來日)을 잃고 허덕일 때!
당신의 사랑은, 항상 가까운 거리에서!
미소 짓고 기다려 주는,
그런 촉촉한
봄비입니다!
여보! 활짝 핀 당신의
장미꽃
속에, 네 마리의 작은 벌레가! 아름다운
천국을 이루며 살고 있는, 우리 집 뜰 안에!
만족한, 벌레들의
저 배부른 꿈과 행복은!

제 살 뜯어 먹이는, 장미꽃 당신의 고귀한 희생입니다!
여보! 지금 우리 가족들은, 장미꽃 당신의

품안에 안긴! 네 마리의, 가장 행복한 작은 벌레들입니다!!

경오년(1990) 마지막 날에

여보! 올 한 해는, 참으로 기쁜 한 해였습니다! 올 시작
원단(元旦) 초하룻날, 당신이 온 가족 앞에서!
우리 올 한 해도
작은 일에, 감사하며 살자던 그 넉넉한
마음으로! 우리
큰딸 애는,
대학 합격의
영광을 얻었습니다!
큰 욕심 없는, 담담한 한 해였는데!
또
하나, 조상의 음덕을
얻어! 막둥이가,
참으로 넉넉하게 고등학교에 합격하였습니다!
이렇게 도와주신 조상님께, 참으로 감사한 한 해였습니다!
그러나 그렇게 활짝 피던 봄날의 저 목련꽃도,
그 화려함은
잠깐일 뿐! 그 뒤에
오는,
낙화(落花)의 긴 아픔을! 여보! 우리도
지금 겸허하게, 되새겨
봅시다! 저무는
한 해의 마지막이,

겸허의 시작이 되게 합시다! 여보! 끝이
언제나, 또 다른
새로운 시작이라고! 어느 종교가, 늘 말했듯이! 올
한 해도, 당신의 사랑 속에서 온 가족이 참 편안했습니다!
여기 온 가족이 모여! 당신의

그 그윽한, 사랑 앞에! 조촐한, 떡국 한 그릇을 마련했습니다!!

끓고 있는 우리 집 찌개

여보! 당신이 끓이는 찌개가, 보글보글 우리 집 건강을
지키고 있는 한! 우리 가족의 사랑도, 항상 그렇게
보글보글 맛있게 끓을 겁니다!
때로는, 이유 있는 우리 아이들의
불만과
값진 당신의 짜증도!
다 얼큰한,
우리 집
사랑의
찌개인 것을 알았습니다!
우리가 신혼(新婚)으로
새 출발할 당시, 월세 방 한쪽 구석에
겨우 숟가락 두 개만 달랑 놓였던 가난이! 이제는 제법
의젓한, 단독주택으로 자라온 세월(歲月)!
여보! 그동안 참으로
어렵게 걸어온, 우리 집
가난의
냄비에!
냉이같이
향긋한 당신의 사랑이
얼마나,
열심히 뜨거운 삶의 찌개를

끓여왔나요? 오늘은 모처럼
당신이 끓이는 찌개로, 저 맑고 푸른 하늘 한잔 따라
마시고! 어느덧 희끗한, 당신의 중년(中年) 앞에! 사랑의

그 고귀한, 의미만큼! 참으로, 흠뻑 취(醉)해 보고 싶습니다!!

지옥의 불빛

여보! 당신은 참으로 현명해서, 오늘날 천국(天國)은 아예
정직한 사람들은! 갈 곳이 못된다고, 자주 말씀하셨습니다!
당신의 현명한 말씀대로, 우리가 사는
세상이! 알고 보면
얼마나, 더러운
천국입니까? 저렇게, 이미 다 썩은
생선들이
오히려 살아서! 마음껏 헤엄치는
현실에서, 나는
당신의
뜨거운 사랑을 찾아! 불꽃이 막 활활 타는
저 지옥(地獄)까지라도 가겠습니다!
이미 다
썩은 생선(生鮮)들이 저렇게 온통 살아서
날뛰는, 그런 천국은 정말 싫습니다! 날마다 기도하며
사는 사람들이, 천국(天國)보다 지옥이 더 가고 싶은
이 현실! 아침에 들리는 종소리가, 저렇게
날마다
부패해지면? 존경받는 인물보다
오히려 우리 곁에, 욕(辱)먹고 살찐 짐승들이
더
자랑스럽습니다!

가장 더러운 천국을 꿈꾸는, 사람들이
저렇게
많을수록! 여보!
당신의 사랑은, 오늘의 지옥[現實]을 지키는
밝은 불빛이 아닐까요? 이미 부패한 생선들이 다시 살아서
날뛰는 세상에, 그물을 던지는 사람들이 늘어날수록! 순수한
당신의 사랑을

지키기 위해, 온몸이 불타는! 지옥이라도, 나는 기꺼이 가겠습니다!!

첫사랑의 기쁨

여보! 떨리는 마음으로, 당신의 손을 꼭 잡고! 활짝 핀
목련꽃으로 사랑을 고백했던, 바로 엊그제 같은
그 젊은 시절!
기쁨에 넘치는 우리 앞에
돌[石]들도, 모두 살아나
심장이 뛰었고!
햇빛도, 눈부시게 박수를 치고!
흐르던 강(江)물도
더욱 푸르게
콧노래
불러주던,
우리의 그 젊음
시절!
봄비 끝에 활짝 핀, 진달래와 개나리도
얼마나 깔깔대며! 우리의 사랑을, 축복(祝福)해 주었습니까?
아직도 우리의 첫사랑이, 그때 그대로
고스란히
남아 있기에!
세상이
날마다
한없이
아름답고 행복합니다!

봄비 내린 인자한 땅 밑에서
생명의
숨소리가, 막 진동해 오면!
우리의 첫사랑도, 온 대지에 가득 넘치는
신록이 되어!
눈부신 저 파란 행복의, 숨소리로 들려옵니다!
여보! 떨리는 마음으로, 당신의 손을 처음 꼭 잡고!
활짝 핀

복사꽃으로, 사랑을 고백했던! 바로, 엊그제 같은 그 시절!!

제비꽃 당신

몹시 모가 나서, 매끄럽게 땅위를 굴러가지 못하는 내 등
뒤로! 봄비처럼 촉촉하게 수레를
끌고 오는, 당신은! 정말 추운 겨울을 이겨내는
강(强)한, 제비꽃입니다!
빛바랜 자존심만
달팽이
껍질처럼, 등에 지고! 자꾸
먼데로만
눈길이 가는,
그런
설익은 내 삶의 껍질 속으로!
그래도, 당신은! 알찬 뿌리를, 잘 뻗어 주었습니다! 속상해서
몹시 짹짹거리는, 새[鳥]들이!
순결한
당신의 주위를
더럽혀오면?
저쪽의 아지랑이로, 깨끗이
쓸고 앉아!
꽃샘 같은, 그 추위에도
당신은! 더욱 강한,
제비꽃이 됩니다! 양지바른 우리 가족의
틈바구니에, 아직도 찬바람에

서걱대는 마른 풀잎들! 끝끝내 얼지 않고 버티는
당신의 작은

뿌리 끝에! 어느새, 봄[春]이 커다랗게 매달려 있음을 봅니다!!

봄과 그리고 우리 집

여보! 우리 집을 멀리 떠난, 개나리와 진달래도! 다시
우리 집, 식구로 돌아왔습니다!
따스한 햇볕으로, 당신이
밥을 짓고
국을 끓일 무렵부터!
다시 우리 집, 식구로 돌아왔습니다!
여보! 손님 같은
봄비도!
안개
자욱한 저쪽에서
어린
새싹들을, 시끄럽게 데리고! 작년(昨年)보다
더 건강하게 당신이 있는, 우리 집으로 다시 돌아왔습니다!
아무리 깨진 빈 접시 같은, 세상일지라도?
그래도
내 곁에, 당신이
있기에!
벌써, 복사꽃이
우리 집 대문을 활짝 열었습니다!
벌떼와
나비 떼도
저렇게, 당신을 칭찬하는

아름다운 언어로 바뀌었습니다!
여보! 우리 집을 멀리 떠난, 물소리와 아지랑이도! 다시 우리 집, 식구로 돌아왔습니다!

깨끗한 하늘로, 당신이 밥을 짓고 국을 끓일 무렵부터!!

당신의 무게

여보! 당신의 그 작은 몸매가, 우리 집 전체(全體)의 무게임을
알았습니다! 아침마다 떠오르는, 빛나는 저 태양이
진정 당신의 거칠은 손등임을! 불혹(不惑)을 넘어, 이제야
겨우 철들어
알았습니다!
아찔한
그 벼랑 끝 같은, 오늘의
현실(現實)에서!
그래도
온 가족의
흔들리는, 삶의 중심을 움켜잡고
기둥처럼 버티는 당신에게! 하늘도, 저렇게 구름 한 점 없이!
참으로, 감사(感謝)해 하고 있음을
알았습니다!
아무리
짧은 인생이라
하더라도, 오곡(五穀)이
저렇게 익어
가는 그 은총
앞에서! 마지막
그날까지, 당신의 중심을 느끼며 살겠습니다! 여보! 당신의
그 작은 몸매가, 나에게는 우주 전체의 무게임을

알았습니다! 계절(季節)이 바뀌는, 저 엄숙한 아름다움이! 진정 순결한

당신의, 사랑임을! 불혹을 넘어, 이제야 겨우 철들어 알았습니다!!

가족의 웃음

여보! 봄비가, 새싹들을 연주(演奏)하듯!
당신도, 우리 가족들을
날마다 아름답게
연주하고
있음을
알았습니다!
먼 산골짜기에, 눈[雪] 녹는 물소리도!
한창
노랗게
개나리를
연주하는
계절! 아지랑이 손끝에
쥐어진, 저 예쁜 악기(樂器)가! 바로
건강한

우리 가족의, 웃음임을 이제야 알았습니다!!

봄날의 풍경

여보! 당신이 웃으면, 하늘도! 활짝 따라 웃는,
그런 화창한 봄날!
우리 집
대문(大門)에,
들어선
손님은!
영원히, 반가운 목련꽃손님!
희끗한,
우리의
중년(中年)이!
저쪽에서
아지랑이로, 피어오를 무렵! 산새 두 마리
젊을 때,

우리처럼! 어느새, 비밀리(秘密裡)에 숨습니다!!

당신을 처음 만났을 때

여보! 당신을 처음 만났을 때, 나의 영혼은 충격이었습니다!
영혼 속에, 우레가 있는 줄을 처음 알았습니다!
번개 같은, 영감에 감전되는 순간!
당신은
나의
작은, 우주의 황홀한
개벽(開闢)이었습니다!
40년이 훨씬 넘은
오늘도, 그때의 충격은 늘 당신 곁에 있습니다!
자식을 낳아 길러도,
나의 언어는
당신의 우주 밖을 맴돌고 있습니다!
당신은 나를 끌어당기는, 가장 강한 자장(磁場)입니다!
여보! 당신을 처음 만났을 때, 그때
들리던 그 많은
새소리가! 지금도
고스란히, 우리 3남매의 웃음으로 남아 있습니다!
당신의 눈길 끝에서
언제나, 아름다운
새소리가 들립니다!
바람이
불 때마다,

사랑이 황홀히 오가던 시절!
우리 두 사람의 약속은, 한 쌍의 비둘기였습니다!
여보! 지금 와서 되돌아보면, 하나도 빗나가지 않았습니다!
당신을, 처음 만났을 때 받은

그 충격을! 나는 아직도, 고스란히 당신 곁에 늘 두고 있습니다!!

안타까운 사랑

여보! 불안(不安)과 초조로 가득 찬 세상에, 변하지 않는
당신의 믿음과 사랑이 있어! 까맣게 죽어 가는
물소리 끝에서도, 어쩌면? 연꽃이 필거라는
한 가닥, 희망에! 오늘도, 하늘을 향하여 웃어 봅니다!
저 작은
물고기들의
아픔이, 지구의 아픔이라는
이 가장 정직한 사실 앞에서!
물빛은, 벌써부터 치를 떨고 있는데!
창백한
지구(地球)의
안경(眼鏡) 너머,
덩치 큰 운명(運命)이!
심술처럼, 우리의 앞길을 희뿌옇게 가로막고 있습니다!
여보! 우리를 그렇게 따르던 별빛과, 그 찬란한 달빛도!
그 흔한 인공 불빛에
채이고, 밟혀서!
그만 고향
동구(洞口)
밖에서, 피투성이로 쓰러져 있습니다!
날카롭게 네모난 먹이 앞에서
아름다운

새소리도,
새파랗게 치를 떨고 있는 오늘!
그래도 나는, 당신의 거칠은 손이라도 덥석 잡을 수 있는!
믿음과 사랑이 있어, 참으로 다행입니다!
온통 불안과, 초조로 가득 찬 세상에! 그래도
저렇게, 장미꽃 활짝 피는! 당신 같은, 아름다운 5월이 있어!

오늘도, 가장 반가운 손님처럼! 다시 한 번, 하늘을 우러러봅니다!!

강한 여인

여보! 교사인 남편 한 사람의, 박봉으로! 우리 다섯 식구와
팔 남매의, 맏며느리로 살아가는 당신!
그래도,
늘 짜증 한번 없이 사는
당신이 고맙습니다!
요즘
세상이, 얼마나 혼탁합니까?
제 얼굴도, 제대로
모르고
사는
흐린 세상에! 그래도, 늘 우리 집 아이들의
살 보이는 뒤꿈치는! 당신의 웃음으로, 예쁘게 감싸져 있습니다!
오늘따라, 그렇게 어지럽던 그 바람도! 당신
곁에
조용히
머물러, 서성거리고
있습니다! 여인들이 저렇게
시끄럽게
허공으로, 날아오르는
세상에! 그래도, 당신만은
늘 깊은
산속! 고요한 물소리로, 그윽하기만 합니다!

여보! 교사(敎師)인 남편 한 사람의, 박봉(薄俸)으로! 우리 다섯 식구와

팔 남매의, 맏며느리로! 그래도, 늘 만족한 당신이 고맙습니다!!

당신이 외출하고 나면

여보! 당신 한 사람이, 온 세상을 가득 채우고 있음을
알았습니다! 어쩌다, 하루만
당신이 없는 날이면! 왜? 이렇게까지, 주위의
모든 공간이 텅 비고 마음이 허전합니까?
저렇게 눈부신 꽃들의
저 신비도, 실로 당신의
존재로
비롯됨을
이제야
겨우 깨달았습니다!
사방에서
소리치는 저 생명(生命)의 계절, 5월도
사랑하는 당신이 있기에! 저토록, 아름답다는 것을
이제야 겨우 알았습니다! 우리가 처음
만나던
그날부터, 손가락 끝까지!
푸르름으로
한껏
부풀고
부풀었던, 그 젊은 시절!
그때, 당신의 눈동자에
깊이 박혔던 그 해맑은 하늘이! 아직도

아침 햇살을, 온 대지에 찬란히 쏟아내고
있음을 알았습니다! 여보! 당신
한 사람이, 온 세상을 가득 채우고 있음을 알았습니다!
어쩌다, 하루만 당신이 없는 날이면! 왜?

이렇게, 주위의 모든 공간이 텅 비고 마음이 허전해집니까!!

커다란 사랑의 과일

여보! 어쩐지? 오늘따라 하얗게 늘어만 가는, 당신의 새치가!
아득히 들리던, 고향(故鄕) 뻐꾸기 같아!
왠지? 나는, 자꾸만 외롭고 적막합니다!
당신의 손때 묻은, 자식들이
보석처럼 자라서!
하나 둘
저 멀리,. 반짝이며 굴러가고!
그 많은 삶의 믿음들이
이제는
이마에
건강한 주름살로, 되돌아오는 나이!
저 먼데서 산 꿩이 우는 그 쓸쓸한 적막도, 몹시 아까운
한나절! 우리가 살아온 삶의 그 큰 의미가, 더욱 반짝이는
금(金)빛 같아! 내 영혼에 당신의
사랑,
그 밝은
촛불 하나 다시 켜 봅니다!
바람에 흔들리는 풀잎을 지나
언젠가는,
그 많은 삶의
시간을 넘어! 꽃잎이 되는
마지막 그날까지! 여보! 우리는 떨리는, 사랑의

힘을 믿고! 저 어두운 허무 앞에, 자신 있게 서 봅시다!
사랑이란

평생을 두고, 익어 가는! 단, 하나뿐인 가장 커다란 과일입니다!!

큰딸이 대학에 합격하던 날

여보! 당신에게, 감사합니다! 우리가족의 나뭇가지에, 작은 열매들이!
언제나, 따뜻한 당신의 햇볕 속에서
어느새 매우
잘 익어!
그만, 빨갛게
맛 들기
시작했습니다! 은총(恩寵) 같은
당신에게,
감사합니다!
무거운 역경과 어려움
앞에서도, 그렇게 당당했던 당신이! 오늘은 연약한 눈물로
온 대지(大地)를 촉촉이 적시는, 봄비 같은 그런 날입니다!
하느님이 우리 곁에 가장
가까이 와
계시는, 그런
경건한 날입니다! 여보! 부지런한
당신의
손길이,
메마른
우리 가정에
뿌리를 깊이 뻗어! 우리의 약한

열매들을, 아주 튼튼히 잘 길렀습니다! 와, 좋아라! 저쪽 바위와 나무들도 모두가, 박수치는!

그런 날입니다. 오늘은 은총(恩寵) 같은 당신에게 정말 감사합니다!!

당신의 밝은 표정

여보! 당신의 밝은 표정 속에는, 언제나 달이 떠서 그윽합니다!
어린 자식들을 키워 오는, 당신의
높은 사랑의 언덕 위에!
아주 작은
집을 짓고, 살아도 만족합니다!
여보! 당신은
아직도,
오염되지 않는
물빛입니다!
저 깊은 숲속 같은
당신의 그윽한 품안에서, 우리 가족은! 날마다 졸졸거리며
저 맑은 물소리로, 흘러갑니다! 그 위에 작은 종이배 하나만
동동 떠가도, 가장
만족합니다!
여보! 당신
너머
저렇게 시퍼렇게
출렁이는, 세상도! 연(蓮)꽃 같은
당신의 그 깊은
사랑으로, 언제나
아름다운 연못이라! 조금도,
두렵지 않습니다! 여보! 작아도 크게 만족하는, 당신의 꽃밭에서!

우리 가족은, 매일 꿀 따는 꿀벌로 행복합니다!

여보, 당신의 그 밝은 표정 속에는 언제나 달이 떠서 그윽합니다!!

당신이 있었기에

여보! 당신이 내 곁에 있었기에, 나는 참으로 시인(詩人)이
될 수 있었습니다! 당신의 거칠은 손을 꼭 잡을 때마다,
그렇게 쓰라린 인생도! 따뜻한 당신의
체온 너머
빨간 꽃잎
속의, 달콤한 자양분으로
남아 있음을 알았습니다!
흐르는 시간의 입술이, 오히려 작은 풀꽃 속에서
더욱 아름답듯이! 어려운 생활 속에서도, 소중한
당신의 존재는! 맑은
여울물로,
흐르고 있습니다!
여보!
당신이 내 곁에 있었기에,
나는 삶속에 숨어 있는! 하늘의 깊이를 알았습니다!
당신의 미소를 볼 때마다, 우리가 걸어온 가난도! 고귀한
사랑의, 여정(旅程)임을 알았습니다! 따뜻한 당신의
눈길 너머, 당신의 신발 한
짝도!
나의 신앙(信仰)으로
남아 있음을
알았습니다!

부는 바람의 흔적마다, 못다 한 사랑의 의미를
무수히 담듯이! 나도 당신의 귀한 존재에, 아직도
못다 한 신앙의 고백을
무수히 담겠습니다! 여보!
당신이
내 곁에
있었기에, 나는 언제나 허무(虛無)의 늪에서
찬란한 별빛을 찾을 수 있었습니다! 당신과의 만남은, 저렇게
텅 빈 공간을! 늘 새로운 힘으로, 가득 차게 했습니다! 우뚝 서
있는, 당신의 존재 너머! 하늘의

저 흰 구름도, 새로운 사랑의 언어로 흐르고 있음을 알았습니다!!

그래도 휴식할 여유와 공간

여보! 당신은 언제나, 저 고요한 산 속의 그 은은한 물소리입니다!
찡그린 내 눈썹이, 새파랗게 녹슬어 갈지라도! 그래도 당신이
있기에, 휴식할 여유와 공간이 있습니다!
"어서, 정신 차려라
이놈의 세상아!" 이렇게 깊은
밑바닥에서 솟구치는, 분노가 있을지라도!
당신의
미소(微笑) 끝에,
가만히 앉아 보면!
산 너머
보이는 하늘은,
아직도 맑고 깨끗합니다!
꽁꽁 언 매서운 추위의 저 눈빛들이
오늘처럼, 저렇게 삼엄할지라도! 그러나, 저 멀리서 들려오는
따뜻한 봄소식! 당신은, 그런 여인입니다!
당신의 사랑은 늘, 그런
사랑입니다!
아주
까맣게 오염된
두려운 세상(世上)
너머로,
짐승처럼 막 밀려오는! 어두운, 질문(質問)이

있다 할지라도! 당신의 맑은
물소리는
거울처럼, 내 가슴에 흐르고 있습니다!
여보! 당신은 언제나, 고요한 산속의 그 은은한 산새 소리입니다!
날마다 뛰는 내 발바닥이, 제아무리 누렇게 부식(腐蝕)될지라도!

그래도, 당신이 있기에! 휴식(休息)할, 여유와 공간이 있습니다!!

사랑의 힘

여보! 당신이 하얀 목련꽃으로, 아름답게 피던 그 추억 너머!
그때 일렁이던 아지랑이로 나는, 항상 당신 곁에 있겠습니다!
어느 해, 그 작은 한 여인이! 하얀 목련꽃으로, 활짝 필 무렵!
나는, 그때 이십대
한창
젊은 나이였습니다!
작은 한 여인 때문에, 그만 바위들도
침묵 너머
날개가
돋는 것을 보았습니다!
나무들도
자리를 옮겨가며
파란 술잔을, 하늘 높이 들어 올리던 그 시절!
한 작은 여인의, 위대한 힘을 알았습니다! 여보! 이렇게 고달픈
현실도, 처음 만난 한 여인의 위대한 힘으로
버틸 수 있었습니다!
허전한
내 삶의 빈 공간(空間)을,
당신의
그윽한
사랑으로 가득 채우고! 날마다 당신
처음 만났던

기쁨으로,
오늘도 나는 아주 곱게
늙어 가고 있습니다! 여보! 우리에게 주어진 이 행복한 시간이
다 된 뒤, 저 하늘 한 바퀴 빙 돌아! 다시 말갛게 돌아와, 나는
당신 처음 만났던 하얀 목련꽃으로! 눈부시게, 활짝 피겠습니다!
그때, 내 앞에서, 한없이 일렁이는

아지랑이가! 바로, 다시 만나자고 약속한 당신인 줄 알겠습니다!!

우리 추억의 그리움

여보! 뻐꾸기의 울음이 온 산(山)에, 푸른 호수같이 출렁이던
그런 시절!
당신의 그리움은, 정말 온 천지(天地)에
충만한 신록이었습니다!
불어오는 한 가닥 바람에도
당신의
머리칼 냄새가, 풍기던
그런 젊은
시절!
새소리가
온통, 당신의 미소였습니다!
녹슨 삶의 냄비에다, 다시 활활 타는
사랑의 불꽃으로! 약간 비린내 풍기는, 인생 한 토막쯤 넣어서!
그리운, 추억의 찌개를 끓여 봅니다!
한평생, 긴장(緊張)된 우리의
일생(一生)!
모래알
씹듯이
그렇게 아침마다, 태양이
떠오르는
고달픈 삶의 현실 속에서도!
가끔은 아름다운

흰 구름 같은, 우리의 달콤한 옛 이야기가
있습니다!
여보! 당신의 그리움은, 정말 온 천지에 충만한 신록이었습니다!

뻐꾸기의 울음이, 온 산에 푸른 호수같이 출렁이던 그런 시절!!

깊은 삶의 선서(宣誓)

여보! 당신은 나이가 들수록, 더욱 아름답게 젊어집니다!
이것은, 그 흔하디흔한 찬사가 아니라! 고마운 당신에게 바치는,
나의 엄숙한 진실입니다!
그 예쁜 얼굴에, 안타깝게 늘어만 가는
주름살이! 의젓한
자식들의
굵은 목소리며, 한창 빛나는 그들의
눈빛임을 이제야 알았습니다!
내 추억
속에, 아직도
남아 있는
고향의 그 맑은 물소리같이! 당신은, 언제나
그렇게 은은합니다! 문틈으로 흐르던 귀뚜라미 소리에도,
그리운 당신의 하얀 귓바퀴가 보이던! 그
간절한 나의
사랑도
아직까지
고스란히, 내 가슴속에 그대로,
남아 있습니다! 새벽같이 밝아오는
자식들의
웃음소리에, 오늘도

정말 감사(感謝)하다는 인사를 해 봅니다!
당신의 그 붉어지는, 수줍음이
어쩌면?
우리들의 첫날밤 같아서! 왠지? 자꾸만, 가슴이 뜁니다!
여보! 당신은 나이가 들수록, 더욱 아름답게 젊어집니다!
이것은, 그 천하디 천한 자랑이 아니라!

사랑하는, 당신에게 바치는 나의 깊은 삶의 선서(宣誓)입니다!!

당신의 작은 손아귀

여보! 당신의 작은 손아귀가 봄비를 만들고 푸르름을 만드는,
그런 깊은 하늘임을! 철들어, 뒤늦게 알았습니다!
아침마다, 해 돋는
기쁨 속에!
당신의 그 작은
손아귀에, 풍부한 햇빛을 받아!
저 많은, 풀잎을 기르고
있음을
알았습니다!
사랑은 높이
절찬되어, 얻어지는 것이 아니라!
당신의 부지런한 그 작은 손아귀속에서, 스스로 태어나! 빛이
되는 것임을, 불혹을 넘어 이제야
알았습니다!
작은 벌레들의
아픔까지,
일일이 아름답게
수놓고 있는! 당신의 사랑 속에
모든 생명이,
활짝 웃고
있음을 알았습니다!
사랑의 고귀함은, 뿌리에서 스스로 흡수되는! 촉촉한

물기임을 알았을 때, 억세고 거칠어진! 당신의, 작은 손아귀가 결코

작은 것이 아니라! 가장 큰, 우리 집 하늘임을 이제야 알았습니다!!

가을과 당신

여보! 비둘기 두 마리 짝지어, 먼 데로 날으는!
그 아름다운, 당신의 눈썹!
이때, 저 맑은 가을 하늘은! 언제나
당신의
눈빛으로, 빛납니다!
단풍(丹楓)잎
곱게
물든,
저쪽 앞산! 당신의
그 오뚝한 콧날 밑에, 아직도 맑은 강물 하나!
속삭이듯, 당신의
입술로 흐릅니다!
오늘같이
이렇게, 참으로
거짓된 세상(世上)에!
그래도,
눈부신 저 가을 햇살은! 언제나, 당신의
고운 머릿결입니다! 출렁이는
황금벌판 너머로, 사랑을 황홀하게 느낄 때!
당신은, 언제나!

곡식을 익게 하는, 가을의 저 은총(恩寵)입니다!!

행복이 무엇인가를

여보! 남자는, 나이 오십이 들어서야 철난다는 할머니의
그 말씀! 이제야, 겨우 알아듣겠습니다!
아직, 아이들이 어려서
온
집안 온통 시끄럽고!
당신의 목소리
날로, 감나무 끝까지
피어오르고
있을 때! 그때가, 바로 행복의
절정인 것을! 여보! 우리는 그것도 모르고, 그냥 스쳐
지나가고 말았습니다! 지금 아이들이, 저렇게 다 자라!
하나, 둘, 우리 곁을 떠나고 난
뒤에야! 비로소
나는, 철들어! 행복이
무엇인가를,
알았습니다! 지나온
삶의 고통과, 그 많은 후회의
순간들이! 철들어 어느새 꽃씨로, 가슴에
깊이 묻히는 가을입니다! 여보! 이제 우리는, 뜨거운 젊음의
열정을 넘어! 영혼(靈魂)으로, 익어 가는

신앙(信仰) 같은! 두 얼굴을, 하늘에 커다랗게 그려 봅니다!!

시인(詩人)의 아내

여보! 시인(詩人)은, 언제나 아득한 동경(憧憬)의
세계일 뿐! 참으로, 가까이 사는 당신에게는!
오직, 무능과 가난의
상징일 뿐입니다!
이 짐승 같은 세상에
끝없는,
정신만 먹고사는
시인은!
정말, 외로운 낙오자일 뿐입니다!
여보! 당신은, 이런 가난한 낙오자의 아내입니다!
현실 앞에, 목을 길게 뽑고 있는
학(鶴)의
아내입니다!
내 곁에
밤낮없이 당신 같은,
푸른 노송(老松)이
있었기에! 그래도, 나는
삶의 학춤을 출 수가 있었습니다! 영원 앞에
선 승자(勝者)는, 언제나 가난했고 무능했습니다!
학(鶴)이, 우리처럼 가난하기에!

저 신명(神明)나는, 학춤은 영원히 아름답고 깨끗합니다!!

자랑스러운 당신

여보! 이렇게 곳곳마다 거짓으로 얼룩지고, 도덕(道德)과
윤리(倫理)가 무너지고! 눈부신
왜곡(歪曲)과
과장(誇張)으로, 잘 가꾸어진
세상에!
여보!
그래도, 우리만은
아무리 이렇게
가난해도, 깨끗하게 삽시다!
티 없이 맑은 하늘을 숭배하고, 열매 여는 저 자연의
순수 말씀에 순종하면서! 더 멀리 보이는 눈[目]과, 더
깊이 들리는 귀[耳]를 가지고!
순리와 근본대로,
착실하게 삽시다!
조상님
잘 모시고, 부모(父母)님과
어른들을
받드는! 당신의 그 즐거움 앞에
우리 세 자녀가, 얼마나 건강하게 잘 자라고 있습니까!
교육(敎育)이

아예 없는, 현실에서! 당신은, 참으로 훌륭한 스승입니다!!

오염되지 않은 당신

여보! 당신은 아직도 오염(汚染)되지 않은, 그런 깊은 산속입니다!
저렇게 많은 사람들이, 사람 되기를 포기해 버린
어쩌면? 짐승 같은, 세상에!
그래도
당신만은, 아직도
여전히 푸른
솔밭으로 남아 있습니다!
바위와 바위들이
서로 정답게 이끼 끼는,
그런 즐거운 대화 속에! 아직도 건강한 공기와, 아직도 깨끗한
물소리가! 당신을 찾고
있는, 그런
깊은
산속입니다! 곳곳마다
시퍼렇게
아픔만 살아남은
이 혼탁한
세상에, 당신의 사랑만은!
여전히, 맑고 깨끗한 물빛이라! 그 속에서,
저 쇠약한 해와 달이, 오늘도! 편안히, 휴식을 취할 수 있습니다

여보! 당신은, 아직도 오염되지 않은 그런 깊은 산(山)속입니다!!

봄이 오는 사랑

여보! 이렇게, 우리가 늙어 가는 세월의 긴 질투 속에서!
그래도, 해마다 봄이 오면! 저렇게
활짝 핀, 진달래를!
아직도, 사랑하는
당신이라 불러 봅니다!
달빛 아래 활짝 핀,
우리 집 저 목련꽃이!
아직,
나의 술잔으로!
이 봄날 당신의 사랑을, 취(醉)하도록 따르고 있습니다!
평생을, 변하지 않는 사랑으로 살기는 참으로 어렵지만!
그래도, 나[我]는
아직도
당신을! 저 하늘에 써
놓은,
'그분의 말씀으로!' 아침마다
새롭게, 읽고 있습니다!
물위에 떠가는, 저 빈
소라껍질의 그 간절한 모성애
너머! 젊은 한 쌍의 물고기가, 더욱 아름답게 보이는!

그런 눈빛으로, 우리 두 부부는 오늘도 손을 꼭 잡아 봅니다!!

가장 즐거운 종달새

여보! 어느, 봄날[春日]이었습니다! 내 나이, 한창 젊음
스물세 살쯤이었던가요? 당신과 처음 만나던 날,
우리 곁에 활짝 핀
그 개나리가! 아직도, 내 핏속에 남아!
해마다 봄이 오면,
이렇게 가슴 두근거리게
합니다!
심장 뛰는
속도로, 우리의 삶이 저물어
가는 이 주어진 시간(時間) 속에! 그래도, 내 곁에 언제나
사랑하는 당신이 있어! 날마다
햇빛을 칭찬하며
이렇게, 가장 푸르게
살 수 있게
되었습니다!
아무리 추운, 삶의 그 얼음장 밑이라도!
내 핏속에, 개나리 활짝
피는 당신이 있어! 언제나 눈 녹아
흐르는, 그 봄날의 물소리가 들립니다! 나날이, 푸르러 가는
보리밭 저 들녘 너머!

오늘도, 가장 즐거운 종달새가 바로 사랑하는 당신입니다!!

우리의 약속

여보! 이렇게, 날로 어두우지는 세상에! 그래도, 우리 둘이는
참으로 티 없이 맑게 살자던 그 약속!
아직도, 이 가파른
육십 고개
너머에서! 반짝이는, 별빛입니다!
당신 곁에 씨앗처럼
자라는, 우리 아이들
튼튼히 키워!
다 저 맑은, 공기(空氣) 속으로
독립시키고 나면! 우리 노부부(老夫婦), 다시 옛 약속처럼
산속에 맑은 강(江)물이 됩시다!
뒤돌아보면
뒤돌아볼수록, 저 맑은
물빛이! 우리가
그렇게, 소중히 지켜온 그 짜릿한
약속입니다!
여보! 우리 이렇게
종교(宗敎)처럼, 부부의 믿음으로
살다가! 어느 날, 갑자기 정말 말갛게 하늘로 돌아간다면?
옆집

아기의, 첫울음으로! 다시 태어나, 또 한 번 부부가 됩시다!!

당신의 봄비

여보! 당신은, 봄비[春雨]인 것을! 온 대지를 촉촉이 연주하는,
그런 생명의 봄비인 것을! 우리의 사랑은, 저 4월의
그 황홀한 눈부심!
겨우내, 그 외로웠던 빈 공간에!
활짝 피는,
저 복사꽃!
당신은
언제나 나에게,
그런 황홀한 기쁨인 것을!
비 온 뒤, 저 촉촉한 대지 위에 일어서는, 5월의 그 푸르름!
당신은 언제나 나에게, 그런
눈부신 존재인
것을!
이렇게
벌써 중년을
넘어, 노년(老年)으로 넘어가는
이 희끗한 우리의
여생(餘生)이! 오늘도, 촉촉한 당신의 그 봄비 속에서!
다시 활짝 피는, 복사꽃! 여보! 당신은, 언제나 봄비인 것을!
온 대지를

촉촉이, 연주(演奏)하는! 그런, 새 생명(生命)의 그 봄비인 것을!!

■ 평설

아내를 중심축으로 살아온 빛의 세월
-류재상 시인의 戀歌-
『여보! 당신만을 사랑해요』를 중심으로

이 성 림
문학박사 · 수필가
명지대학교 문예창작과 교수
문학평론가

1. 혼자 부르던 노래가 여럿의 합창으로

 신(神)께서 주신, 주어진 시간을 가장 아름답게 아껴 쓰고 계시는 月葉 류재상 시인의 연가집(戀歌集)『여보! 당신만을 사랑해요』를 독자들에게 소개합니다. 시인(詩人)이 될 수 있었던 것도 정성어린 **아내의 사랑이 있었기에** 가능했다는 진솔한 고백에 그만 가슴이 뭉클해집니다.
 '이성지합(二姓之合)은 만복지원(萬福之源)이며 부창부수(夫唱婦隨)는 가도성의(家道成矣)'라고 하였습니다. 성씨가 다른 두 사람이 합하는 것은 만복의 근원이며, 남편이 부르고 아내가 따르면 집안의 도(道)가 이루어진다고 하였습니다. 그러한 옛 말씀 그대로 지아비 이끌고 지어미 순하게 따르는 성가(成家)를 훌륭하게 이루어 내신 분이 바로 류재상 시인이십니다. 오랫동안 사랑으로 살아온 삶의 무늬가 아름답게 아로새겨진 부부의 행복한 모습을 이 시집(詩集) 속에서 독자들과 함께 만나보기로 하겠습니다.
 류재상 시인의 연가를 일독(一讀)하면 **'부부애(夫婦愛)'**의 진정한 의미를 느낄 수 있습니다. 서로를 보살피며 살아가는 모습이 너무나 향기롭고 너무나 가슴 따뜻합니다. 이 시집은 月葉 류재상 시인과 그의 아내인 海里 양정숙 여사가 죽음을 넘어 영원에까지 사랑을 함께 가져가겠다는 **'신앙(信仰) 같은 맹세'**를 한 땀 한 땀 영혼(靈魂)으로 써 내려 간 연정시(戀情詩)입니다.

혼자 부르던 고독한 시인의 노래가 이제는 반려자를 만나 3남매를 낳아 기르는 **가족 합창의 행복한 화음으로 바뀌었습니다.** 선연선과(善緣善菓)의 아름다운 인연의 결실로 3남매를 두고 계시니, 하느님이 보시기에도 참으로 감동하지 않을 수 없는 다복한 모습입니다.

아내와 처음 만났을 때의 느낌에 대하여, **'영혼의 충격을 받았다!'** 며 아직도 그 충격을 고스란히 곁에 두고 있다고 합니다. 또한 고단한 현실의 삶속에서도 사랑하는 아내를 **'진정 신앙에 버금가는 커다란 존재'**로 자리매김하고 있습니다. 아내가 있기에 단풍잎도 새싹도 온 천지 만물도 의미가 있다고 하였습니다. 아내의 존재를 통해 삶의 새로운 **우주적(宇宙的) 의미를 발견하고 있습니다.** **'여보!'**라는 호칭이 가장 평범한 일반적 언어인데도 불구하고 류 시인에게 오면 **가장 비범한 사랑의 언어**로 승화되고 있음에 더욱 놀랍습니다.

총4부로 되어 있는 『**여보! 당신만을 사랑해요**』를 일괄(一括)하면, 그 윽한 지아비의 지혜로운 이끄심과 그것을 따라주는 지어미의 현숙함이 **'자연의 아름다움'**과 잘 어우러져 그림 같은 사랑의 시편들로 엮어져 있습니다. 여성을 가정(家庭)의 중심에 놓고 있는 류 시인의 그 온화하고 부드러운 선각자적 **'페미니즘(pessimism) 의식'**도 간과할 수 없습니다. 참으로 든든하고 건강한 사랑의 씨줄과 날줄로 짜여 진 평화롭고 행복한 가정(家庭)을 만날 수 있습니다. 자, 그러면 아내에 대한 뜨거운 사랑이 **'신앙(信仰)처럼 끓어오르는 류재상 시인의 연가(戀歌)'** 속으로 한번 들어가 봅니다.

2. 사랑의 흐름과 세월

류 시인은 언제나 가슴 떨리는 첫사랑, 첫 만남의 기쁨과 설렘을 소중하게 간직하고 있습니다.

　여보! 당신을 처음 만났을 때, 나의 영혼은 충격이었습니다/영혼 속에 우레가 있는 줄을 처음 알았습니다/번개 같은 영감에 감전되는 순간,/당신은/나의/작은 우주의 황홀한/개벽(開闢)이었습니다/40년이 훨씬 넘은/오늘도, 그때의 충격은 늘 당신 곁에 두고 있습니다/자식을 낳아 길러도/나의 언어는,/당신의 우주 밖을 맴돌고 있습니다/당신은 나를 끌어당기는 가장 강한 자장(磁場)입니다/여보! 당신을 처음 만났을 때, 그때/들리던 그 많은/새소리가, 지금도/고스란히 우리 3남매의 웃음으로 남아 있습니다/당신의 눈길 끝에서/언제나 아름다운/새소리가 들립니다/바람이/불 때마다/사랑이 황홀히 오가던 시절,/우리 두 사람의 약속은 한 쌍의 비둘기였습니다/여보! 지금 와서 되돌아보면 하나도 빗나가지 않았습니다/당신을 처음 만났을 때 받은//그 충격을, 나는 아직도 고스란히 당신 곁에 늘 두고 있습니다!!

〈당신을 처음 만났을 때〉 전문

　여보! 떨리는 마음으로 당신의 손을 꼭 잡고 활짝 핀/목련꽃으로 사랑을 고백했던, 바로 엊그제 같은/그 젊은 시절,/기쁨에 넘치는 우리 앞에/돌[石]들도 모두 살아나/심장이 뛰었고,/햇빛도 눈부시게 박수를 치고,/강물도 파랗게/콧노래/불러주던/우리의 그 젊음/시절,/봄비 끝에 활짝 핀 진달래와 개나리도/얼마나 깔깔대며 우리의 사랑을 축복(祝福)해 주었습니까!/아직도 우리의 첫사랑이 그대로 고스란히/남아/있기에, 세상이/날마다/한없이/아름답습니다/봄비 내린 인자한 땅 밑에서/생명의/숨소리가 막 진동해 오면,/우리의 첫사랑도 온 세상 가득 넘치는/신록이 되어,/눈부신 파란 행복의 숨소리로 들려옵니다/여보! 떨리는 마음으로 당신의 손을 처음 꼭 잡고/활짝 핀//복사꽃으로, 사랑을 고백했던 바로 엊그제 같은 그 시절!!

〈첫사랑의 기쁨〉 전문

맑은 물소리에도 당신의 하얀 귓바퀴가 보이던 그런 시절,/그때 당신의 눈썹에는 사랑의/비둘기 떼가/가득히 날아 앉아 있었습니다/당신의 그리움이/찔레꽃으로/막 피던 봄날, 먼 데에서/뻐꾸기가/당신의/긴 속눈썹으로 하루 종일 울었습니다/날마다 봄비만큼 당신과 내가가 촉촉이 젖어오던 젊은 시절,/새싹으로 가득 찬 우리의 사랑 앞에,/아침마다/태양도/질투(嫉妬)하며 떠오르고/있었습니다/여보! 오늘 당신이/우연(偶然)히 깨뜨린 유리컵이,/젊은 시절/우리의 사랑을 알았는지, 방바닥에/쏟아지는 그 순간! 그만 모두가 향기로운 매화꽃으로 활짝 피고/말았습니다. 대답보다 질문이 더 많은 우리의//그 고된 삶에서, 당신의 존재는 나에게 진정 신앙에 가깝습니다!!

〈당신의 존재〉 전문

   첫사랑의 '**기쁨과 설렘**'이 아직도 남아 있어서 온 세상이 즐거운 **환희로 가득 차 있습니다.** 온 세상이 이렇게 날마다 황홀하고 아름다울 수 있는 것은 바로 아내와의 첫 만남인 그 첫사랑의 설렘과 기쁨 때문이라는 것을 알 수 있습니다.
   처음 만났을 때의 느낌이 '**충격**'이고 '**황홀한 개벽**'이라고까지 하였으며 아내가 '**가장 강한 자장(磁場)**'이라고 하였습니다. 그 강한 자장이 3남매의 웃음으로 남아 아침마다 행복한 새소리로 지저귀고 있습니다.

   여보! 우리가 20년 전에 결혼한 그날, 날씨는 내 성격처럼/좀 쌀쌀했으나, 하늘은 유난히/당신의/그 눈빛처럼 맑았습니다/작은 시골의 예식장에서/하객의/조촐한/축하 속에,/당신의/손끝이 파르르 떨려오는, 그 진동이/아직도 나의 깊은 사랑 속에 강한 전류로 흐르고 있습니다/오늘처럼(1992년 1월 13일), 이렇게/눈[雪]이/많이 오는/날은/우리가/걸어온 그 삶의 발자국이/유난히 크고 뚜렷합니다/여보! 지금/우리 3남매가 얼마나 건강합니까!/날마다 더욱 추워지는 겨울인데도, 저 멀리서 들려오는//봄소식에, 벌써 우리 가족의 두 귀가 모두 쫑긋해졌습니다!!
〈결혼 20주년에〉 전문

    여보! 우리가 큰 아이 낳고서도 그 얼마나 셋방을 옮겼습니까?/지금 와서 헤아려 보는 당신의 손가락 끝에서/벌써 5월의/그 짙은 라일락 향기가 납니다/추위를 모르는/따뜻함은/언제나/서글픈/먼지와 같습니다/물질의 풍요보다/어려운 가난이 얼마나 위대한 스승인가를 알았습니다/건강(健康)한 내일은 늘 오늘의 고통(苦痛)에서 배우고/익혀야 하듯이,/여보! 우리가 걸어온/그 힘든/삶의/나날들이/혹시 저 멀리서/들리던 반가운 봄소식이 아니던가요/희망 앞에/놓인 어려움은 가장 놀라운 힘일 수 있습니다/물구나무서서 걷는 고된 마지막 고비가, 가뭄 끝에 걸려 있는/비[雨]를 실은//가장 알찬 구름임을, 여보! 이제야 겨우 비로소 알 것 같습니다!!
〈우리의 신혼초기〉 전문

    여보! 당신의 돋보기를 처음 사 오던 날, 가슴에서 눈물이/핑 돌았습니다. 삶의 연약한 꽃잎 위에/허무(虛無)의/무게가 너무나 커졌기 때문입니다/바람결에 스쳐간 세월,/구름으로/그려온 연꽃 위에/커다란/당신의/소중함이 더욱/정결(淨潔)하게 걸려 있습니다. 일렁이는/당신의 돋보기 너머, 보다 또렷해진 바늘귀 하나./구멍 난 우리 집 양말 한 켤레도 이제는/얼마나 건강하고/튼튼한지/모릅니다/바람결에 스쳐간/세월이/너무나도 허무했기에/절대(絶對)로 허무해질 수 없다는/봄 햇살 속에 저렇게 자지러지는 꽃잎처럼,/바늘 쥔 당신의/눈빛이 오늘은 더욱 빛납니다. 여보! 당신의/돋보기를 처음 사 오던 날, 가슴에서 눈물이 핑 돌았습니다/삶의//연약한 꽃잎 위에, 허무의 무게가 너무나 커졌기 때문입니다!!
〈당신의 돋보기〉 전문

    이렇게 세월은 자연스레 흘러왔음을 순서대로 그려 놓고 있습니다.

결혼하던 당시의 떨림을 그대로 온전히 간직하고 있습니다. 결혼 20주년인 1992년 1월13일의 현재의 시점에서 '**20년 전**' **결혼하던 그날을 돌이켜 보면**, 오늘처럼 눈[雪]이 내려 20년 동안 살아온 삶의 발자국들이 더욱 뚜렷이 보인다고 하였습니다. 사랑의 결정체로 얻은 '**건강한 3남매**'가 앞으로 그 어떤 난관도 헤쳐 나갈 듯, 추운 겨울인데도 벌써 '**봄[春]**' **이 오는 소리를 듣고 있다고 하였습니다**. 아내의 손때 묻은 자식들이 보석처럼 잘 자라서 각자의 몫을 잘해 낼 거라는 믿음과 희망을 노래하고 있습니다.

건강한 내일은 오늘의 고통에서 배우고 물질적인 풍요로움보다도 '**어려운 가난이 오히려 위대한 스승**'이라는 것도 자각(自覺)하고 있습니다. 첫 아이를 낳고 이리저리 옮겨 다니던 셋방살이의 춥던 시절이 어슴푸레 주마등처럼 스쳐 지나가고 있습니다. 그러나 그동안을 생각해 보면 보글보글 끓고 있는 찌개처럼 가족의 사랑도 그렇게 끓고 있어서 오늘날과 같은 삶을 일구어 낼 수 있었다고, 지금껏 그 많은 수고로움을 이겨 낸 공을 아내에게로 돌리는 '**한없이 어질고 멋진 남편의 모습**'을 만날 수 있습니다.

그러나 그렇게 온 세상이 밝게 보였던 '**눈[目]**'도 어느덧 기울어 가는 세월 앞에 이제는 돋보기를 찾아야만 하는, 삶의 허무를 크게 느낀다고 토로하고 있습니다. 보석처럼 잘 자란 자식들이 떠나고 나면 그 곱던 얼굴은 어느새 주름살들의 즐거운 놀이터가 되는데, 그것을 오히려 '**인생의 아름다움**'으로 바라보는 그 흐뭇한 여유로움도 함께 하고 있습니다. 사랑하는 당신이 있기에 힘든 삶의 나날들도 멀리서 새소리 들리는 반가운 봄소식이라는 새로운 자각으로 힘든 삶을 보다 **지혜롭고 현명하게 헤쳐 나오고 있습니다**.

여보! 우리 집 대문을 활짝 열던 목련꽃도 토라져, 그만/옆집으로 가 버린 어제의 우리 부부싸움은/분명 내가 잘 못했습니다/다 자란 자식들 때문에 일일이 말 못하고,/혼자 고민하는/당신의/숨은 뜻 깊이 헤아렸으니,/당신의 눈썹에 앉아/놀던, 행복의/새떼들/제발 저 멀리 쫓지 마세요/오늘 밤 늦게까지, 떠오르는 저 달빛에 꾸중 듣고, 내일 아침/일찍, 금슬 좋은 저 새소리를/혼자/깊이 듣겠습니다/여보! 부부란 늘 하늘과/같아서,/한 점 티 없이, 맑다가도, 때때로 구름이 끼고 무섭게/소나기가 오듯이, 우리 부부도/내일쯤은, 다시 맑은 하늘에 햇빛 창창하겠지요?/여보! 우리 집 대문을 활짝 열던 개나리도 노랗게 토라져,/그만 옆집으로//가버린, 어제의 우리 부부싸움은 분명 내가 잘 못했습니다!!

〈어제의 부부 싸움〉 전문

아무리 평탄한 삶을 살아간다 하더라도 사는 동안에 누구나 부부싸움을 안 할 수는 없습니다. 그럴 때마다 현명한 시인은 모두가 자신의 잘못이라고 마치 반성문 쓰듯 자성(自省)하고 있습니다. 그래서 〈**부부의 사랑**〉에서는........ '**때때로 당신을 실망시켜 몹시 죄송할 때가 한두 번이 아니었습니다.**'........고 하면서 이내 여성의 마음을 보살펴 남성이 살짝 져주고 양보함으로써 가정의 평화를 다시 되찾고 있습니다. **현명한 삶의 지혜로움입니다.** 그리하여 〈**당신 생각에**〉서........순수한 당신의 사랑으로, '**혼탁한 내 존재를 날마다 살펴보겠습니다.**'라고 하여 다시 사랑하는 아내 곁으로 돌아와 새로운 남편으로 거듭나겠다고 다짐하며 인생을 다시 한 번 깊이 성찰할 기회를 가져 보게 됩니다.

여보! 뻐꾸기의 울음이, 온 산(山)에 푸른 호수처럼 출렁이던/그런 시절,/당신의 그리움은 정말 온 천지(天地)에/충만한 신록이었습니다/불어오는 한 가닥 바람에도,/당신의/머리칼 냄새가 풍기던/그런 젊은/시절,/새소리가/온통 당신의 미소였습니다/녹슨 삶의 냄비에다 다시 활활 타는/사랑의 불꽃으로 약간 비린내 풍기는 인생 한 토막쯤 넣어서,/그리운 추억의 찌개를 끓여 봅니

다/한평생 긴장(緊張)된 우리의/일생(一生),/모래알/씹듯이/그렇게 아침마다 태양이/떠오르는/고달픈 삶의 현실 속에서도/가끔은 아름다운/저 뭉게구름 같은 우리의 달콤한 옛 이야기가/있습니다/여보! 당신의 그리움은 정말 온 천지에 충만한 신록이었습니다//뻐꾸기의 울음이, 온 산에 푸른 호수처럼 출렁이던 그런 시절!!

〈우리 추억의 그리움〉 전문

　이렇게 류 시인 내외분의 삶의 역사가 향기롭게 흘러 왔고 또 앞으로도 은은한 빛깔로 나머지 생을 보다 달콤하게 이어나갈 것을 매우 절도(節度) 있게 노래하고 있습니다. 〈당신의 무게〉에서 언급한 대로……..'**여보, 당신의 그 작은 몸매가 나에게는 우주 전체의 무게임을 알았습니다.**' 라고 하였듯이 어떤 고난과 시련에도 강한 의지로 잘 버티고 지켜온 그간의 삶의 역사를 보이고 있습니다. 그것은 〈나의 고백〉에서 말한 대로,……. '**당신을 사랑하는 그 힘으로 내 삶은 언제나 압축된 작은 심장으로 뛰고 있습니다**' 라는 대목에서 앞으로도 변함없이 잘 살아갈 것을 함축적으로 표현하고 있습니다.

3. 사랑의 맹세와 고백

　통상, 남녀 관계에서 주고받는 '**사랑의 맹세**'는 어떠한 지구상의 언어보다도 밀도(密度) 높은 언어 중의 언어라 할 수 있습니다. 더군다나 그것이 가장 진지한 삶의 무게를 담아서 하는 사랑의 고백은, '**신(神) 앞에 인간 의지**'를 맹세하는 가장 혁혁한 다짐이 아닐 수 없습니다. '**죽어도 죽지 않는 행복한 무덤**'으로 남고자 하는 사랑의 맹세가 가슴 절절이 맺혀 옵니다. 살아서도 죽어서도 함께할 것임을 다짐하는 간절한 사랑의 마음이 **시(詩)의 행간마다** 아주 촉촉하게 깊숙이 스며들어 있음을 볼 수 있습니다.

여보! 내가 먼저 시간 밖으로 간대도 당신이 먼저 저 시간 밖으로/간대도 살아 있는 만큼 기다렸다가 저쪽에 새파랗게 살아 있는/한 쌍의 다정한 무덤처럼/여보! 우리도 죽어서 다시 한 쌍의 무덤으로 살아나/해마다/잔디가 새파랗게 돋아나는 그런 영원한/신혼부부가 됩시다/죽어도 죽지 않고 살아 있는/행복한 무덤으로. 여보! 우리는/다시 한 번/영원 속에/신방(新房)을/꾸미는 가장 황홀한 초야(初夜)를/꿈꾸며 기다려 봅시다. 죽어도 다시 영원히 젊어질/그날의 믿음으로, 오늘도 우리의 발걸음은 한없이 가볍습니다/끝은, 언제나 새로운 출발이라는 당신과 나의 행복한/그 믿음이 있기에, 우리 앞에 남은/시간(時間)이/어쩌면/가장 인자한/어머니가 될지도 모르겠습니다/여보! 당신과 내가 시간 밖으로/신혼여행을 떠나는 날,/작은 풀꽃 속에다 마지막 아름다운 우리의/뜨거운/ 입술을 남겨 놓고, 살아서 그렇게 존경했던 하느님이/우리의 살갗을 저 멀리 물빛 너머 물소리까지/쫓아버리고 나면, 이제는/영혼 하나만 가볍게 달랑 들고, 해마다 새롭게 새파랗게 잔디가/돋는, 저 아름다운 무덤으로 신혼여행(新婚旅行)을 떠나게 되면/여보! 우리의//사랑은, 죽어서도 살아 있는 사람들의 그 영원한 질투가 아마 되겠지요?!

〈한 쌍의 무덤과 신혼여행〉 전문

죽어서도 **한 쌍의 무덤**으로 함께하고자 하는 뜨거운 사랑의 맹세를 하고 있습니다. 영원한 신혼(新婚)의 상태로, 살아서의 첫 맹세를 신혼여행에서 하듯, 죽어서도 다시 새로운 사랑을 시작하자는 영원한 '**사랑의 신앙(信仰)**'을 꿈꾸고 있습니다. 이만큼 깊고 깊어진 서로의 사랑임을 확인할 수 있습니다. 이렇게 순결한 사랑이 '**자연의 아름다움과 완전히 합일(合一)**'되어 있음을 볼 수 있습니다.

여보! 당신이 먼지를 털고 힘들게 우리 집 마루를 닦는/동안에, 벌써 가을 하늘은 얼마나 순결(純潔)합니까/저 눈부신/가을 하늘/그 아래, 고개 숙인 들판의/그 황금빛 인사가/오늘은/당신을 향하고 있음을 알았습니다/여보! 이렇게 시간이/ 허락할 때, 당신 이마에/흐르는/땀방울이나 좀 닦으세요/나머지는 내가 털고 닦겠습니다, 아직도 구석구석 닦다/남은, 찌들은 가난(家難)의/얼룩들이/끝내 당신의 순결한 사랑을/더럽혀 오면, 저렇게/황금물결 출렁거리는, 도도한 그분의/마지막/은총(恩寵)이라도/구원해 보겠습니다/여보! 이제 그만 걸레 놓으시고/창밖을 보세요/들국화 활짝 핀/가을이 우리를 부르고 있습니다, 햇빛이 마지막 익어/황홀한 저녁 무렵, 저렇게 주렁주렁 익어 가는 과일 속,/당신의//그 달콤한 사랑의 속 대문을, 오늘은 제가 활짝 열겠습니다!!

〈청소하는 가을날〉 전문

  열심히 쓸고 닦는 아내의 수고로움과 함께 눈부신 가을 햇살 아래에서 황금물결 출렁거리는 그 마지막 **'은총을 구하는 지아비의 후끈한 온기(溫氣)'**를 느낄 수 있습니다. 생활의 지난(至難)함 속에서도 **'우주(宇宙)로 칭(稱)'** 하는 아내를 지켜 보살피고자 하는 남편의 의지가 얼마나 강하고 단단합니까. 순결한 아내가 조금이라도 **'오염(汚染)'되어서는 절대로 용납할 수 없기 때문에,** 가을 들판의 황금빛 물결과 깨끗한 가을 하늘로 사랑의 청정(淸淨)함을 지키고자 하는 것입니다. 사랑의 합일점을 향한 지아비의 흔들리지 않는 굳건한 사랑의 중심을 만날 수 있습니다.

  '당신 덕분에 삶의 행복을 지킬 수 있었다' 는 충실한 고백 앞에 더욱더 견고해지는 사랑의 다짐을 다시 한 번 확인할 수 있습니다. 그 얼마나 진실한 사랑으로 꽉 채워진 삶인가를 엿볼 수 있습니다.

  여보! 당신이 내 곁에 있었기에, 나는 참으로 시인(詩人)이/될 수 있었습니다, 당신의 거칠은 손을 꼭 잡을 때마다/그렇게 쓰라린 인생도, 따뜻한 당신의/체온 너머/빨간 꽃잎/속의 달콤한 자양분으로/남아 있음을 알았습니다/흐르는 시간의 입술이, 오히려 작은 풀꽃 속에서/더욱 아름답듯이, 어려운 생활 속에서도 소중한/당신의 존재는 맑은/여울물로/흐르고 있습니다/여보!/당신이 내 곁에 있었기에,/나는 세상에 숨어 있는 하늘의 깊이를 알았습니다/당신의 미소를 볼 때마다, 우리가 걸어온 가난도 고귀한/사랑의 여정(旅程)임을 알았습니다, 따뜻한 당신의/눈길 너머, 당신의 신발 한/짝도,/나의 신앙(信仰)의/흔적으로 남아 있음을/알았습니다/부는 바람의 흔적마다 못 다 한 사랑의 의미를/무수히 담듯이, 나도 당신의 귀한 존재에 아직도/못 다한 신앙의 고백을/무수히 담겠습니다, 여보!/당신이/내 곁에/있었기에, 나는 언제나 허무(虛無)의 늪에서/찬란한 별빛을 찾을 수 있었습니다. 당신과의 만남은 저렇게/텅 빈 공간을 늘 새로운 힘으로 가득 차게 했습니다, 우뚝 서/있는 당신의 존재 너머 하늘의//저 흰 구름도, 새로운 사랑의 언어로 흐르고 있음을 알았습니다!!

〈당신이 있었기에〉 전문

　이렇게 '**아내의 존재 의의와 의미**'를 실감나게 노래하고 있습니다. 진실한 고백임이 참으로 진정성 있게 느껴집니다. 류 시인이 시인으로 이름을 얻고 또 문단(文壇)에서도 자리매김할 수 있었던 그 모든 것이 다 실은 '**아내 덕분임**'을 참으로 정직하게 고백하고 있습니다. 아내의 거친 손마디를 잡을 때마다 그렇게 쓰라린 인생살이도 오로지 삶의 뜨거운 희망이 되었다는 것입니다. 어려운 생활 속에서도 아내의 존재로 인하여 마음은 항상 행복의 맑은 여울물로 출렁거렸으며, 유난히 어렵게 걸어온 가난도 실은 고귀한 아내의 사랑으로 충분히 극복할 수 있었다고 합니다. '**삶의 중심축이 아내였음**'을 고백하고 있습니다. 함께 의지하며 살아가는 부부의 참살이 모습을 만날 수 있는 참으로 탁월한 시편입니다.

　차분하면서도 사랑의 진실함과 삶의 확신으로 가득 찬 사랑의 고백이 행복의 물살로 번져가는, 삶의 진정성을 아래 작품에서도 만날 수 있습니다.

여보! 당신은 나이가 들수록 더욱 아름답게 젊어집니다/이것은 그 흔하디흔

한 찬사가 아니라, 고마운 당신에게/바치는/나의 엄숙한 진실입니다/그 예쁜 얼굴에 안타깝게 늘어만 가는/주름살이 의젓한/자식들의/굵은 목소리며, 한창 빛나는 그들의/눈빛임을 이제야 알았습니다/내 추억/속에 아직도/남아 있는/고향의 그 맑은 물소리같이, 당신은 언제나/그렇게 은은합니다. 문틈으로 흐르던 귀뚜라미 소리에도/그리운 당신의 하얀 귓바퀴가 보이던, 그/간절한 나의/사랑도/아직까지/고스란히 내 가슴에 그대로/남아 있습니다. 새벽같이 밝아오는/자식들의/웃음소리에, 오늘도/정말 감사(感謝)하다는 인사를 해 봅니다/당신의 그 붉어지는 수줍음이/어쩌면/우리들의 첫날밤 같아서, 왠지 자꾸만 가슴이 뜁니다/여보! 당신은 나이가 들수록 더욱 아름답게 젊어집니다/이것은 그 천하디천한 자랑이 아니라//사랑하는, 당신에게 바치는 나의 깊은 삶의 이해(理解)입니다!!

〈깊은 삶의 이해〉 전문

일부러 아내에게 잘 보이고자 써 볼 수도 있지 않을까라고 생각할 수도 있겠습니다. 그러나 단연코 그렇지 않음을 시집 **『여보! 당신만을 사랑해요』**를 몇 편만 읽어 나가면 바로 그의 진실어린 마음이 뜨거운 감동으로 와 닿게 됩니다. 매 시편마다 류 시인의 정성어린 사랑의 열정이 한결같이 골고루 깊이 스며들어 있음에 독자들은 또 다시 놀라게 됩니다. 초지일관된 마음의 발로(發露)입니다. 변화가 심한 요즈음 세상에 참으로 본보기가 되는 그런 '**수범(垂範)**'이 아닐 수 없습니다.

아내를 생각하는 전경(全景)이 작품마다 매우 서정적으로 펼쳐지면서 아내 사랑의 마음이 인간의 속세(俗世)를 넘어 '**종교, 즉 성스러운 믿음의 세계**'로까지 그 뿌리가 깊이 뻗어나가고 있음을 우리는 충분히 엿볼 수가 있습니다.

나이가 들어갈수록 그 '아름다움'을 더욱 깊이 볼 수 있는 마음의 눈이 성스럽습니다. 늘어가는 주름살에 비례하여 아이들의 굵은 목소리와 그들의 빛나는 눈빛이 다 아내 덕분이라는 것을 고백하고 있습니다.

나이 들수록 은은한 고향의 물소리 같다는 그 깨끗한 고백에서, **'성결(聖潔)한 가정(家庭)의 참모습'**을, 옷깃을 여미며 만날 수 있습니다.

4. 사랑하는 아내에 대한 묘사

사랑에 대한 **'시적(詩的) 묘사'**가 쉽지 않다는 것을 아는 사람은 다 알고 있습니다. 다시 말하면 왠지? 언어가 가난해지고 표현력이 궁핍해지는 것이 사랑의 시(詩)이기 때문이다. 마음이 늘 앞서 있기에 적확(的確)한 묘사가 그리 쉽지 않기 때문입니다. 그러나 류 시인은 처음 만남부터 비롯하여 그 많은 삶을 살아오는 과정에서 어려움을 겪을 때마다 **아내의 사랑을 놓치지 않았습니다.** 그만큼 마음이 아내를 향해 있었고, 기쁠 때나 슬플 때나 늘 아내의 사랑과 함께 있었으며, 이제 세월이 흘러 주름살이 자꾸만 늘어나고 머리가 하얗게 세어져도 오히려 그것이 더욱 아름다워 보이는, 류 시인의 그 숭고한 사랑의 세계가 보다 세련된 그의 **문학적 묘사와 표현**으로, 사랑을 삶의 최고의 **'정신적 신앙(信仰)의 세계'**로까지 확장 승화시키고 있음을 볼 수 있습니다. 두 분의 정갈한 사랑 앞에 우리 독자들도, 일상(日常)에서 지치고 때 낀 그 혼탁한 영혼이, 한결 맑아지고 더욱 깨끗하게 정화(淨化)됨을 느낄 수 있습니다.

시인의 언급대로, 시인은 정신만 먹고 사는 외로운 낙오자이며 가난하고 무능할 뿐이지만 오히려 '정신적인 승리자(勝利者)'의 그 의연한 모습으로, 그것을 지금까지 감내하고 살아온 아내에 대한 헌사(獻辭)의 표현이 독자들에게 진하게 가슴 뭉클한 감동을 가득 안겨주고 있습니다.

여보! 시인(詩人)은, 언제나 아득한 동경(憧憬)의/세계일 뿐 참으로, 가까이 사는 당신에게는/오직, 무능과 가난의/상징일 뿐입니다/이 짐승 같은 세상에/

끝없는,/정신만/먹고사는/시인은/정말, 외로운 낙오자일 뿐입니다!/여보! 당신은, 이런 가난한 낙오자의 아내입니다/현실 앞에, 목을 길게 뽑고 있는/학(鶴)의/아내입니다/내 곁에/ 밤낮없이 당신 같은,/푸른 노송(老松)이/있었기에 그래도, 나는/삶의 학춤을 출 수가 있었습니다 영원 앞에/선 승자(勝者)는, 언제나 가난했고 무능했습니다/학(鶴)이, 우리처럼 가난하기에//저 신명(神明)나는, 학춤은 영원히 아름답고 깨끗합니다!!

〈시인의 아내〉 전문

여보! 당신은 아직도 오염되지 않은 그런 깊은 산속입니다/저렇게 많은 사람들이, 사람 되기를 포기해버린/어쩌면 짐승 같은 세상에,/그래도/당신만은 아직도/ 여전히 푸른/솔밭으로 남아있습니다/바위와/바위들이/서로 정답게 이끼 끼는/그런 즐거운 대화 속에, 아직도 건강한 공기와 아직도 깨끗한/물소리가 당신을 찾고/있는, 그런/깊은/산속입니다, 곳곳마다/시퍼렇게/아픔만 살아남은/이 혼탁한/세상에, 당신의 사랑만은/여전히 맑고 깨끗한 물빛이라, 그래서 그 속에서/쇠약한 해와 달이 잠시라도 휴식을 취할 수 있게 되었습니다/여보!//당신은 아직도 오염(汚染)되지 않은 그런 깊은 산(山)속입니다!!

〈오염되지 않은 당신〉 전문

이처럼 세상이 온갖 **추악한 것으로 물들고 더럽혀졌을지라도** 아내만큼은 오염되지 않은 깊은 산속의 **'청정지대'**라고 노래하고 있습니다. 맑고 깨끗한 공기와 청량한 물소리처럼 세상을 맑게 해 주고 있는 아내의 이미지에서 건강한 가정의 오늘과 내일을 보게 됩니다. 거기에서 남편도 깊은 산속 푸른 솔밭 같은 그런 싱그러운 아내 곁에서 **'휴식과 안정'**을 취할 수 있다는 것입니다.

여보! 당신의 사랑은 언제나 설경(雪景)입니다/추위를 온통 빨아들인 저 원경(遠景) 너머,/포근히 설경 속으로 안기어/가는 풍경이/바로/우리 가정의/행복입니다/저 많은 새들의 고향(故鄕)이라/해도 좋고,/저렇게 막 파랗게 깔깔 거리다 그만 지쳐버린/저 맑은 하늘의 웃음소리라 해도 좋은,/우리 집 행복에 영혼의 박수가 끊이지 않는 것은/바로 당신의 포근한 설경 때문입니다/저렇게 자동차처럼/그 무거운 쇳덩이도/구름처럼 온순해지는 저 아련한/겨울 설경/속으로, 나는/당신의 사랑을/느끼며/오늘도 하루 종일 걸어봅니다/여보! 당신의 사랑은 언제나 설경입니다/추위를 온통 빨아들인 저 원경 너머 포근히/설경 속으로//안기어 가는 풍경이, 바로 우리 가정의 행복입니다!!

〈설경(雪景)〉 전문

아내의 모습에 대한 표현이 너무나 포근하게 '**눈 내리는 정경(情景)**', 즉 눈 덮인 고즈넉함으로 더욱 아늑하게 다가옵니다. 그래서 류 시인의 가정도 따뜻한 설경(雪景) 속으로 안기어 가고 있는 것입니다. 아련한 **겨울 설경(雪景) 같은 아내의 그 따뜻한 사랑**이 그 얼마나 정말 아늑하고 포근하게 느껴지는 작품입니까.

여보! 당신은 언제나 끝없는 만족입니다, 온 누리에/울려 퍼지는 눈부신/저 아침 햇살 속에/오늘도 자양(滋養)을 준비하는 만족한/나무들이, 당신 품안에 안긴, 늘 푸른/우리/가족(家族)들입니다/여보! 나는/언제나/싱싱한 갈증입니다/이렇게 우리들 세상이 자꾸만 메말라/목 타는 삶의 뿌리들이 내일(來日)을 잃고 허덕일 때,/당신의 사랑은 항상 가까운 거리에서/미소 짓고 기다려 주는,/그런 촉촉한/봄비입니다/여보! 활짝 핀 당신의/장미꽃/속에, 네 마리의 작은 벌레가 아름다운/ 천국을 이루며 살고 있는 우리 집 뜰 안에,/만족한 벌레들의/저 배부른 꿈과 행복은/제 살 뜯어 먹이는 장미꽃 당신의 고귀한 희생입니다/여보! 지금 우리 가족들은 장미꽃 당신의//품안에 안긴, 네 마리의 가장 행복한 작은 벌레들입니다!!

〈장미꽃 당신의 사랑〉 전문

모순어법(矛盾語法)으로 아내를 표현하고 있는 대목이 눈에 띕니다. 싱싱한 갈증이라는 **'촉각적 이미지'**로, 촉촉하게 내리는 봄비 같은 활력과 생동감 넘치는 일상의 아내의 모습을 매우 인상적으로 그려내고 있습니다. 또한 일반적인 여성의 모성애 같은 희생과 봉사의 이미지를, **'장미꽃 속의 벌레'**에 빗대어 가족 구성원을 정성으로 아우르는 희생의 모습을 이토록 아름답게 그려내고 있음은 과연 독보적이라 할 수 있습니다. 매우 돋보입니다. 더 한층 시의 감칠맛을 제공하고 있습니다. 그렇습니다. 이 시를 통해 유추해 낼 수 있는 **'여성, 아내, 어머니의 제 살 뜯어 먹이'**는 그 정성과 희생을 어찌 놓칠 수 있겠습니까. 늘 아내의 희생을 안쓰럽고 고맙고 감사하게 생각해 주는 **지아비, 가장(家長), 아버지의 진정어린 참된 모습**을 볼 수 있어, 몹시 감격스럽고 자랑스럽습니다.

　이쯤 되면, 가족의 건강과 먹을거리를 책임지고 있는 아내의 주된 음식이 안 나올 리 없습니다. 바로 다음 작품은 보글보글 끓고 있는 찌개의 청각적, 미각적, 후각적 이미지의 조화가 돋보이는 그런 작품입니다. 참으로 살맛나는 따뜻한 열전도(熱傳導)가 후끈 전해지는 수작(秀作)입니다.

　여보! 당신이 끓이는 찌개가 보글보글 우리 집 건강을/지키고 있는 한, 우리 가족의 사랑도 항상 그렇게/보글보글 맛있게 끓을 겁니다/때로는 이유 있는 우리 아이들의/불만과/값진 당신의 짜증도,/다 얼큰한/우리 집/사랑의/찌개인 것을 알았습니다/우리가 신혼(新婚)으로/새 출발할 당시 월세 방 한쪽 구석에/겨우 숟가락 두 개만 달랑 놓였던 가난이, 이제는 제법/의젓한 단독주택으로 자라온 세월(歲月),/여보! 그 동안 참으로/어렵게 걸어온 우리 집/가난의/냄비에/냉이같이/향긋한 당신의 사랑이/얼마나/열심히 뜨거운 삶의 찌개를/끓여왔나요, 오늘은 모처럼/당신이 끓이는 찌개로, 저 맑고 푸른 하늘 한 잔 따라/마시고, 어느덧 희끗한 당신의 중년(中年) 앞에 사랑의//그 고귀한 의

미만큼, 참으로 흠뻑 취(醉)해 보고 싶습니다!!
〈끓고 있는 우리 집 찌개〉 전문

 얼마나 건실하게 **남편과 아내**가 가정을 잘 가꾸어 나가는지 알 수 있는 분위기입니다. 그리하여 때로는 **아이들의 불만이나 아내의 짜증까지도** 모두 얼큰한 우리 집의 또 다른 종류의 찌개라는 것입니다. 짜증도 값이 있는 것으로 받아들이는 가장(家長)의 마음, 아이들의 불만(不滿)까지도 다 의미가 있고 이유가 있는 것으로 받아들이는 '**포용력과 수용력**'이 바로 류 시인의 큰 그릇입니다. 한없이 넓은 도량입니다. 그래서 가난한 냄비에 끓고 있는 우리 집 찌개에서, '**온 집안을 향긋하게 하는 냉이 같은 상큼한 아내의 사랑**'을 또 한 번 진하게 느낄 수 있습니다.

 여보! 교사인 남편 한 사람의 박봉으로 우리 다섯 식구와/팔 남매의 맏며느리로 살아가는 당신,/그래도/늘 짜증 한번 없이 사는/당신이 고맙습니다/요즘/세상이 얼마나 혼탁합니까/제 얼굴도 제대로/모르고/사는/흐린 세상에, 그래도 늘 우리 집 아이들의/살 보이는 뒤꿈치는, 당신의 웃음으로 예쁘게 감싸져 있습니다/ 오늘따라 그렇게 어지럽던 그 바람도 당신/곁에,/조용히/머물러 서성거리고/있습니다. 여인들이 저렇게/시끄럽게/허공으로 날아오르는/세상에, 그래도 당신만은/늘 깊은/산속, 그 고요한 물소리로 그윽하기만 합니다/여보! 교사(敎師)인 남편 한 사람의 박봉(薄俸)으로 우리/다섯 식구와//팔 남매의 맏며느리로, 그래도 늘 만족한 당신이 고맙습니다!!
〈강한 여인〉 전문

 여성은 약하나 어머니는 참으로 강하다고 했듯이, 한 집안을 이끌고 나가는 아내는 이 세상 그 누구보다도 강하고 강인합니다. 그 점을 류 시인은 높이 평가하고 있습니다. 한 집안의 흥망성쇠는 **'여성의 의지(意志)'** 에 달려 있음을 류 시인은 잘 알고 있습니다. 어려운 집안을 사랑으로 잘 이끌어 주는 아내를 언제나 고마워하고 있습니다. 그래서 **어쩌다 아내가 외출이라도 하고 나면** 온 집안이 텅 빈 것과 같다고 아래와 같이 노래하고 있습니다.

여보! 당신 한 사람이 온 세상을 가득 채우고 있음을/알았습니다, 어쩌다 하루만/당신이 없는 날이면, 왜 이렇게까지 주위의/모든 공간이 텅 비고 마음이 허전합니까?/저렇게 눈부신 꽃들의/저 신비도, 실로 당신의/존재로/비롯됨을/이제야/겨우 깨달았습니다/사방에서/소리치는, 저 생명(生命)의 계절 5월도/사랑하는 당신이 있기에, 저토록 아름답다는 것을/이제야 겨우 알았습니다, 우리가 처음/만나던/그날부터, 손가락 끝까지/푸르름으로/한껏/부풀고/부풀었던 그 젊은 시절,/그때, 당신의 눈동자에/깊이 박혔던 그 해맑은 하늘이 아직도,/아침 햇살을 온 대지에 찬란히 쏟아내고/있음을 알았습니다, 여보! 당신/한 사람이 온 세상을 가득 채우고 있음을 알았습니다/어쩌다 하루라도 당신이 없는 날이면, 왜?//이렇게 주위의 모든 공간이 텅 비고 마음이 허전해집니까?!

〈당신이 외출하고 나면〉 전문

자그마한 아내가 **'이처럼 온 우주를 가득 채우고 있는 큰 존재'** 라는 인식을 하고 사는 남편의 마음이 참으로 훌륭합니다. 서로가 서로를 사랑하고 존중하는 데에서 비롯한 인간관계가 그 얼마나 아름답습니까. 아마도 이러한 내외분의 모습을 보고 자라나는 **아이들이 또한 얼마나 부럽습니까.** 이러한 가정(家庭)의 따스한 사랑을 받고 자란 아이들은 장차 **'인류 사회의 평화를 구현시킬'** 원대한 꿈을 가진 아이들로 자랄 것입니다. 그런 아름다운 꿈을 가진 아이들이 많으면 많을수록 이 세상은 앞으로 더욱 행복하고 더욱 살맛나는 세상이 될 것입니다.

하나의 **위대한 문학 작품이 주는 감동(感動)**이 세상을 새롭게 바꿀 수 있는 동기(動機)와 동력(動力)이 될 수 있습니다. 이것이 바로 '**문학의 위대한 힘**'입니다.

몹시 모가 나서 매끄럽게 땅위를 굴러가지 못하는 내 등/뒤로, 봄비처럼 촉촉하게 수레를/끌고 오는 당신은 정말 추운 겨울을 이기는/강한 제비꽃입니다/빛바랜 자존심만/달팽이/껍질처럼 등에 지고 자꾸/저 먼 데로만/눈길이 가는,/아직도/설익은 내 삶의 껍질 속으로,/그래도 당신은 알찬 뿌리를 잘 뻗어 주었습니다, 속상해서/몹시 쩍쩍거리는 새[鳥]들이/순결한/당신의 주위를/더럽히면,/저쪽의 아지랑이로 깨끗이/쓸고 앉아,/꽃샘 같은 추위에도/당신은 더욱 강(强)한/제비꽃이 됩니다, 양지바른 우리 가족의/틈바구니에, 아직도 바람에/서걱대는 마른 풀잎들, 끝끝내 얼지 않는 당신의 작은//뿌리 끝에, 어느새 봄(春)이 커다랗게 매달려 있음을 봅니다!!

〈제비꽃 당신〉 전문

모진 추위가 몰려 와도 끝내 굴하지 않고 이겨 내는 '**강한 제비꽃의 이미지**'로 아내를 묘사하고 있습니다. 가족도 아내가 있기에 늘 양지(陽地)바르다고 하였습니다. 아직도 서걱이는 마른 풀잎들도, 끝끝내 얼지 않는 제비꽃 작은 뿌리처럼 봄을 매달고 온다고 하였습니다. 꽃샘추위를 아랑곳하지 않고 언 땅 위로 꽃을 피워 올리는 '**제비꽃**'에서 아내의 강한 이미지를 보고 있습니다.

〈**봄과 그리고 우리 집**〉이라는 시에서도 새로운 봄이 되니 개나리 · 진달래 · 복숭아꽃 · 물소리 · 아지랑이들이 따스한 햇볕을 몰고 아내가 밥을 짓고 국을 끓이고 있는 우리 집으로 찾아온다고 하였습니다. 봄[春]은 절기상으로 **새로운 시작을 의미합니다.** 겨우내 꽁꽁 언 땅위에 새 생명을 데리고 오시는 계절입니다. 모질기 한없는 매서운 북풍도 따스한 미풍으로 바뀝니다. 이렇듯 벌떼와 나비 떼가 찾아오는 봄 같은 그 따스한 아내가 있기에 집안의 모든 생활에, **'향기 가득한 행복의 봄꽃'**이 활짝 피어난다고 하였습니다.

여보! 당신의 그 작은 몸매가, 우리 집 전체(全體)의 무게임을/알았습니다, 아침마다 떠오르는 빛나는 태양이,/진정 당신의 거칠은 손등임을, 불혹(不惑)을 넘어 이제야/겨우 철들어/알았습니다/아찔한/그 벼랑 끝 같은 오늘의/현실(現實)에서,/그래도/온 가족의/흔들리는 삶의 중심을 움켜잡고/기둥처럼 버티는 당신에게, 하늘도 저렇게 구름 한 점 없이/참으로 감사(感謝)해 하고 있음을/알았습니다/아무리/짧은 우리의 인생이라/하더라도, 오곡(五穀)이/저렇게 익어/가는 그 은총/앞에서, 마지막/그 날까지 당신의 중심을 느끼며 살겠습니다, 여보! 당신의/그 작은 몸매가, 나에게는 우주 전체의 무게임을/알았습니다, 계절(季節)이 바뀌는 저 엄숙한 아름다움이 진정/순결한//당신의 사랑임을, 불혹을 넘어 이제야 겨우 철들어 알았습니다!!

〈당신의 무게〉 전문

아내의 **존재 의의와 무게감에 대하여 묘사하고 있습니다.** 아내의 작은 무게가 온 우주의 무게인 것이며 더 나아가 우리 집안 전체를 받들고 있는 무게라는 것을 자각하고 있습니다. **'아내의 존재를 삶의 중심'**에 놓고 사는 행복한 가정(家庭)의 단란함을 한껏 느낄 수 있는 탁월한 시편입니다.

아울러 짐작해 볼 수 있는 것은 아내의 **현명함입니다. 슬기로움입니다.** 그만큼 집안을 잘 이끌어 왔기 때문에 남편으로부터 사랑과 존경을 마음껏 받을 수 있습니다. 참으로 **'현숙한 아내'**의 모습을 볼 수 있습니다.

여보! 당신은 언제나 저 고요한 산속의 은은한 물소리입니다/찡그린 내 눈썹이 새파랗게 녹슬어 갈지라도, 그래도 당신이/있기에 휴식할 여유와 공간이 있습니다/"어서 정신 차려라/이놈의 세상아!" 이렇게 깊은/밑바닥에서 솟구치는 분노가 있을지라도/당신의/미소(微笑) 끝에/가만히 앉아 보면/산 너머/보이는 하늘은/아직도 맑고 깨끗합니다/꽁꽁 언 매서운 추위의 저 눈빛들이/오늘처럼 저렇게 삼엄할지라도, 그러나 저 멀리서 들려오는/따뜻한 봄소식!/당신은 그런 여인입니다/당신의 사랑은 늘 그런/사랑입니다/아주/까맣게 오염된/두려운 세상(世上)/ 너머로/짐승처럼 막 밀려오는 어두운 질문(質問)이/있다 할지라도, 당신의 맑은 물소리는/거울처럼 내 가슴에 흐르고 있습니다/여보! 당신은 언제나 고요한 산속의 은은한 산새소리입니다/날마다 뛰는 내 발바닥이 이렇게 노랗게 부식(腐蝕)될지라도//그래도, 당신이 있기에 휴식(休息)할 여유와 공간이 있습니다!!

〈그래도 휴식할 여유와 공간〉 전문

　아내에게서 답답하고 숨 막히는 것을 보는 것이 아니라, **'여유와 휴식을 취할 만한 공간(空間)'**을 보고 있습니다. 물소리같이 은은하고 새소리 같이 편안한 아내에게로 가족들이 돌아와 하루의 고단함을 뉘이고 위로받아, 다시 힘을 얻어 내일의 일터로 나가는 것입니다. 이렇게 아내의 이미지를 **다양한 수사와 비유**로 아름답게, 때로는 강인하게 잘 묘사하고 있음을 볼 수 있습니다.

　냉이 향기 · 촉촉한 봄비 · 오염되지 않은 깊은 산속 · 강한 제비꽃 · 때 묻지 않은 물빛 · 언제나 달빛 같은 그 그윽한 표정 · 은은한 물소리와 새소리 등의 이미지로 수(繡)놓듯 아름답고 자연스럽게 풀어 가는 **'작가의 그 화려한 글 솜씨'**에 독자들은 마냥 행복하고 황홀하게 이끌려가고 맙니다. 우리는 이러한 시를 통해서 아내의 이미지를 보다 아름답게 꿈꾸어 볼 수 있습니다. 부부간의 불화로 **'이혼(離婚)'**이 날로 늘어가는 이 **혼탁하고 불길한 세태에**, 류재상 시인의 시(詩)는 그 시사(示唆)하는 바가 자못 크다 할 것입니다.

5. 우리의 사랑은 현재진행형

　아내의 작은 손아귀, 그 억척같이 거칠고 질긴 손아귀 안에 우리 집 중심을 지탱해 나가는 강한 힘이 있다고 하였습니다. 그래서 아내가 자랑스럽다고 합니다.

　여보! 이렇게 곳곳마다 거짓으로 얼룩지고, 도덕(道德)과/윤리(倫理)가 무너지고, 눈부신/왜곡(歪曲)과/과장(誇張)으로 잘 가꾸어진/세상에,/여보!/그래도 우리만은/아무리/이렇게/가난해도 깨끗하게 삽시다/티 없이 맑은 하늘을 숭배하고, 열매 여는 저 자연의/순수 말씀에 순종하면서, 더 멀리 보이는 눈[目]과 더 깊이 들리는 귀[耳]를 가지고,/순리와/근본대로/착실하게 삽시다/조상님/잘 모시고, 부모(父母)님과/어른들을/받드는 당신의 그 즐거움 앞에,/우리 세 자녀가 얼마나 건강하게 잘 자라고 있습니까/교육(敎育)이//아예 없는 현실에서, 당신은 참으로 훌륭한 스승입니다!!
〈자랑스러운 당신〉 전문

　가정(家庭)을 잘 이끌어가는 **슬기롭고 지혜로운 어진 아내의 모습**이 보입니다. 그리하여 자랑스러운 아내가 이제까지와 같이 앞으로도 현명하게 가족과 가정을 더 잘 이끌어 가리라는 **'믿음과 무한한 신뢰'**를 보내고 있는, 그 뿌듯한 자랑스러움을 조금도 숨기지 않고 있습니다. 억세고 거칠어진 아내의 손아귀 힘이 결국 집안의 자랑이요 주춧돌인 것입니다. 아내를 믿고 신뢰하는 가장(家長)의 그 그윽한 마음이 또한 한없이 고귀해 보입니다. **참 스승이 없는 난세(亂世)**에 아내야말로 우리 아이들에게 모범적인 참 스승이라 했습니다. 가장 훌륭한 참교육은 바로 **'사랑'** 입니다.

　여보! 삶이란 온통 물음뿐이고 대답(對答) 하나 가질 수 없는/가장 빈곤한 것이라 할지라도, 이렇게 온 세상이 하얗게/눈 내리는 밤이면,/소중한 사랑의/물음/ 위에,/나의 대답 하나 동그랗게/놓일 것 같습니다/당신의/사랑 앞에, 우리/가족의 무게가 참으로 무겁다 할지라도, 이렇게 온 세상이/하얗게 눈 내리는 밤이면, 당신의 밝은 용서와 이해(理解)로,/우리 집 온 방안은/온통/행복(幸福)으로/ 환하게 가득찰 것 같습니다/여보!/이렇게/깊어 가는 밤,/하루의 고달픈/당신의 숨결 위로 이렇게 온 세상이 하얗게 눈 내리는/밤이면 당신의 눈가의 잔주름도 오늘은 너무나 아름다워,/참으로 고마워//말 못 하는 내 눈길이, 자꾸만 당신의 얼굴에 머물러 있습니다!!

〈눈 오는 밤에〉 전문

아내의 밝은 예지와 총명함으로 가정을 환하게 인도해 나가는 현숙한 아내를 '**눈 내리는 밤의 아름다운 정경(情景)**'으로 묘사하고 있습니다. 모든 가족을 따뜻한 이해와 용서로 품어주는 아내의 넓은 품안에서, 온 가족이 나날이 보다 행복한 내일을 꿈꾸며 즐겁게 살아가리라는 **희망과 믿음**을 노래하고 있습니다. '**미래지향적 꿈**'이 가득 담긴 아주 상큼한 작품입니다. 너무나도 고마워서 뭐라고 말 못하고 그냥 물끄러미 주름진 아내의 얼굴 앞에 시선이 머물고 만다는 '**시적(詩的) 고백**'에 그만 가슴이 찡하고 뭉클해 눈시울이 뜨거워집니다.

여보! 지금 막 창밖에 눈[雪]이 내리듯 그렇게 포근히 꿈꾸는/당신의 얼굴에 오늘도 내 얼굴을 가만히/꽃잎처럼 포개 봅니다, 유난히 따뜻한 당신의/입술이/오늘따라 잘 익은 모과 향기로/온 방안에 가득합니다/우리는 아직 제주도 한 번 못 가 본 부부이지만,/남들은 다 간다는 외국이 있는지도/잘 모르는/부부지만, 여보! 오늘 밤만은/당신의/포근한/꿈속에서 하늘 높이 나는/비행기(飛行機) 신나게 한 번 타 보시구려,/밤늦게 공부하는 애들 걱정은 오늘만은 내가 하겠습니다/여보! 지금 막 창밖에 눈이 내리듯, 그렇게/가장 포근히 꿈꾸는 당신의/얼굴에,/건강한/우리 3남매의 미소를 별빛처럼/포개 봅니다/유난히 따뜻한 당신의 손등이/오늘따라 촛불처럼 온 방안에 환하게 켜져/있습니다, 여보! 창밖에/소복이 눈 내리는 아까운 이 밤에,/제발/못난 남편이 사는 현실로 꿈속에서 돌아오지 마세요/꿈 많은 꽃밭의 이슬 같은 소녀로 계시다가,/저 멀리 백마(白馬) 타고 오는 왕자님을 꼭 만나셔야 합니다//밤늦게, 아직도 공부하는 애들 걱정은 오늘만은 내가 하겠습니다!!
〈당신이 꿈꾸는 밤에〉 전문

우리 부부는 '**아직 제주도 한 번 못 가 본 부부이지만……남들은 다 간다는 외국이 있는지도 잘 모르는 부부지만**,에서 그만 코끝이 찡하고 눈물이 핑 돌았지만. 그러나 '**밤늦게, 아직도 공부하는 애들 걱정은 오늘만은 내가 하겠습니다**,에서는 어느새 마음 환해지는 행복이 가슴 가득히 찾아옵니다. 모든 감각을 다 열어 놓고 아내를 사랑하고 있습니다. 사랑의 향기가 온 집안에 가득합니다. 이렇듯 내외의 사랑은 현실을 넘어 '**영원(永遠)**'에까지 이어질 것입니다.

여보! 당신은 이제 더욱 아름다운 풍경입니다. 아이들이 막/자유롭게 산새처럼 뛰노는 한가로운 산골 마을,/당신은 언제나 그런/풍경입니다/이제는 당신 눈가의 주름살도/어항 속의 아름다운 금붕어로/변하고 있습니다/나이를/먹고 있는/기쁨/속에, 당신의 무게는 소중합니다/여보! 당신이 있기에 늙음 속에 불타는 새로운 젊음이 있음을/알았습니다. 나이 앞에 부끄럽지/않게,/어둠에/방황하는/저 무명의 바위들을/활짝 핀 연꽃으로 일깨웁시다/새 한 마리 멀리 날아가는 작은/질문(質問)에도,/당신의 깊은/사랑으로 대답하겠습니다/여보! 당신은 이제 더욱 아름다운 풍경입니다/복사꽃 막 등불처럼 흔들리고, 푸른 솔밭들도 옛 이야기처럼//속삭이는 산골 마을, 당신은 언제나 그런 평화로운 풍경입니다!!
〈당신 곁에서 늙어 가는 기쁨〉 전문

참으로 평화로운 '**한 폭의 아름다운 수채화(水彩畵)**'를 펼쳐 놓은 듯

합니다. 늙어 가는 것을 거부하는 것이 아니라 순리대로 받아들이고 아내 곁에서 깨끗하게 함께 늙어 가겠다는 것입니다. **늙어감의 모습**을 더욱 아름답게 수용하며, 만족하고 흐뭇하게 아내의 사랑에 응답하며 살아가겠다는 또 다른 형태의 행복한 **사랑의 세레나데(serenade)**를 부르고 있습니다. 아내의 존재를 소중하게 여기며 보다 깊은 사랑으로 응답하며 살아가겠다는, 류재상 시인의 **'사랑의 철학'**이 한껏 빛나는 작품입니다.

여보! 당신이 하얀 목련꽃으로 아름답게 피던 그 추억 너머,/일렁이는 아지랑이로, 나는 항상 당신 곁에 있겠습니다/어느 해 작은 한 여인이, 하얀 목련꽃으로 활짝 필 무렵,/나는 그때, 이십대/한창/젊은 나이였습니다/작은 한 여인 때문에, 그만 바위들도/침묵 너머/날개가/돋는 것을 보았습니다/나무들도/자리를 옮겨가며,/파란 술잔을 하늘 높이 들어 올리던 그 시절,/한 작은 여인의 위대한 힘을 알았습니다, 여보! 이렇게 고달픈/현실도, 처음 만난 한 여인의 위대한 힘으로/버틸 수 있었습니다/허전한/내 삶의 빈 공간(空間)을/당신의/그윽한/사랑으로 가득 채우고, 날마다 당신/처음 만났던/기쁨으로,/오늘도 나는 아주 곱게/늙어 가고 있습니다, 여보! 우리에게 주어진 이 행복한 시간이/다 된 뒤, 저 하늘 한 바퀴 빙 돌아 다시 말갛게 돌아와, 나는/당신 처음 만났던 하얀 목련꽃으로 눈부시게 활짝 피겠습니다/그때, 내 앞에서 한없이 일렁이는//아지랑이가, 바로 다시 만나자고 약속한 당신인 줄 알겠습니다!!

〈사랑의 힘〉 전문

젊어도 늙어도 함께 영원(永遠)까지 가는 것이 사랑의 힘이라는 것을 류 시인은 **'신앙처럼' 확실한 믿음을 갖고 있습니다.** 세월의 흐름에 아름답게 순응하며 처음 먹었던 사랑의 마음 그대로를 영혼 깊이 가장 소중이 간직하고 있습니다. 변화가 심하고 변질이 많은 이 불확실한 세상에 참으로 고귀한 사랑을 어떻게 관리해야 하는지를 시범적으로 보여주고 있습니다. **'죽어서도 무덤까지 신혼여행(新婚旅行)'**을 떠나자는 류재상 시인입니다. 그만큼 사랑은 현실을 넘어 죽음 저쪽의 영적세계(靈的世界)로까지 이어진다는 **'사랑의 영원한 신앙'**을 굳게 믿고 있습니다.

여보! 우리의 사랑은 아직도 활짝 핀 석류(石榴)꽃,/시간이 이제 제아무리 흘러도,/언제나/윙윙거리는 꿀벌입니다/여보! 당신의 입술/가로/여백처럼/아련히/번지는 미소가 어느새/온 산을 촉촉이 적시는 그런 산새소립니다/세상이 살벌한 어둠에/싸여/제아무리/결과는/뜨거운/심판(審判)일지라도,/당신을 사랑하는 나의/믿음은/아직도 기도하는 촛불입니다/여보! 우리의 사랑은 아직도 변함없는 날갯짓,//시간이 이제 제아무리 흘러도 영원히 푸른 하늘입니다!!

〈아직도 우리의 사랑은〉 전문

한번 맺은 인연에 대하여 영원히 함께 할 것임을 재삼 확인하고 있습니다. **사랑의 생명력**을 표현하고 있습니다. 어느 한 순간에 사랑이 끊어지는 것이 아니라, 현재는 물론 **죽음 너머 영원한 영적세계**까지 이어진다는 것을 믿고 있습니다. 이렇듯 류 시인의 사랑은 하염없이, 끝없이, 변함없이 영원한 것입니다. 이것이 바로 류 시인이 믿고 있는 **'사랑의 신앙'**입니다. 사랑의 해석법이 가히 놀랍고 경이롭습니다. 젊어서도 늙어서도 죽어서도 류 시인의 사랑은 영원불변의 **'현재진행형'**입니다.

6. 자연을 닮은 순행(順行)의 삶

류재상 시인의 그 아름다운 **'친자연적(親自然的)'**인 시구(詩句)들을 몇 개 추려봅니다. 눈부시게 반짝이는 영롱한 시 문장을 통하여 얼마나 친자연적인 삶을 꿈꾸고 있는지 짐작하게 합니다.

> 봄비가 새싹을 연주하듯 당신도 우리 가족을 그렇게 연주하고 있음을…….
> 딸 같은 풀벌레와 내 아들 같은 아침이슬과 아내 같은 저 파란 물빛…….
> 나비 한 마리만 찾아와도 우리 집은 가장 아름다운 꽃잎이에요…….

또한 수도 없이 많은 **자연의 시어(詩語)**들이 류 시인의 시에서 많이 보이고 있습니다. 석류 · 꿀벌 · 제비꽃 · 봄비 · 가을날 · 햇빛 · 산새 · 장미꽃 · 복사꽃 · 솔밭 · 노송 · 바위 · 연꽃 · 목련꽃 · 이슬 · 꽃밭 · 눈 · 별빛 · 개나리 · 소나기 · 진달래 · 풀잎 · 아지랑이 · 안개 · 단풍 · 강물 · 비둘기 · 황금벌판 · 감나무 · 산골 · 구름 · 하늘 · 들국화 · 종달새 · 꽃씨 · 바람 · 보리밭 · 물빛사랑 등과 같은 이 **'자연의 언어'**들이 시적(詩的)으로 잘 정제되고 승화되어 독자들의 가슴을 뜨겁게 울리며 긴 여운을 남기고 있습니다. 이것이 바로 좋은 시(詩)의 감동(感動)이 아닌가요.

류재상 시인은 **'자연의 시인'**입니다. 아내의 사랑이 **곧 자연의 사랑입니다.** 사랑 속에서 **'아내와 자연이 하나로 합일(合一)되는 새로운 시적(詩的) 창조 세계'**를 건설하고 있습니다.

> 여보! 우리 집을 멀리 떠난 개나리와 진달래도, 다시/우리 집 식구로 돌아왔습니다/따스한 햇볕으로 당신이/밥을 짓고/국을 끓일 무렵부터/다시 우리 집 식구로 돌아왔습니다/여보! 손님 같은/봄비도/안개/자욱한 저쪽에서/어린/새싹들을 시끄럽게 데리고, 작년(昨年)보다/건강하게, 당신이 있는 우리 집으로 다시 돌아왔습니다/아무리 깨진 빈 접시 같은 세상일지라도,/그래도/내 곁에 당신이/있기에,/벌써 복사꽃이/우리 집 대문을 활짝 열었습니다/벌떼와/나비떼도/저렇게 당신을 칭찬하는/아름다운 언어로 바뀌었습니다/여보! 우리 집을 멀리 떠난 물소리와 아지랑이도, 다시/우리 집 식구로 돌아왔습니다//깨끗

한 하늘로, 당신이 밥을 짓고 국을 끓일 무렵부터!!
〈봄과 그리고 우리 집〉 전문

  분명한 것은 세상의 그 어떤 의미도 **당신이 없다면 무의미하다는 것**을 시(詩) 속에 한없이 감추어 놓고 있습니다. 류 시인은 처음 시편부터 마지막 시편까지 아내 사랑이라는 중심축을 놓치지 않았기에, 아내의 **'사랑을 자연의 사랑'**으로까지 승화(昇華)시키고 있습니다. 자연의 작은 소리까지 가장 달콤한 사랑의 언어로 번역(飜譯)하여 들을 수 있는 **'귀[耳]'**가 있습니다. 이렇게 자연의 소리가 아름다운 사랑의 소리로 들리는 귀[耳])는 오직 **류재상 시인의 '귀'** 그 하나뿐일 겁니다.

  여보! 어느 봄날이었습니다. 내 나이 한창 스물세 살이었던가요/당신과 처음 만나던 날,/우리 곁에 활짝 핀/개나리가 아직도 내 핏속에 남아,/해마다/봄이면,/이렇게 가슴 두근거리게/합니다/심장 뛰는/속도로 우리의 삶이 저물어/가는 이 주어진 시간 속에, 그래도 내 곁에 언제나/사랑하는 당신이 있어,/날마다/햇빛을 칭찬하며/이렇게 가장 푸르게 살/수 있게/되었습니다/아무리 추운 삶의 얼음장 밑이라도,/내 핏속에 개나리 활짝/피는 당신이 있어, 언제나 눈 녹아/흐르는 맑은 물소리가 들립니다, 나날이 푸르러가는/저 들녘 너머//가장 즐거운 종달새가, 오늘도 사랑하는 당신입니다!!
〈가장 즐거운 종달새〉 전문

  엄동설한(嚴冬雪寒) 속에서도 남편 곁에 늘 **'개나리 같은 아내'**가 있어 우리 가정(家庭)에는 언제나 봄기운이 감돌고 있다고 하였습니다. 머지않아 푸르른 보리밭 위로 즐겁게 노래하며 행복하게 날아다닐 **종달새가 바로 아내**라는 것입니다. 류 시인을 둘러싸고 있는 **모든 자연환경**이, 사랑하는 아내의 이미지로 온통 가득 차 있습니다. 일상(日常)

에서 보고 듣는 '**모든 자연이 다 아내 사랑**'으로 연결되어 있습니다.

    여보! 이렇게 날로 어두운 세상에, 그래도 우리 둘이는/참으로 티 없이 맑게 살자던 그 약속,/아직도 이 가파른/육십 고개/너머에서, 반짝이는 별빛입니다/당신 곁에/씨앗처럼/자라는 우리 아이들/튼튼히 키워,/다 저 맑은 공기(空氣) 속으로/독립시키고 나면, 우리 노부부(老夫婦) 다시 약속처럼/산속에 맑은 강(江)물이 됩시다/뒤돌아보면/뒤돌아볼수록, 저 맑은/물빛이/우리가/그렇게 소중히 지켜온 짜릿한/약속입니다/여보! 우리 이렇게/종교(宗敎)처럼 부부의 믿음으로/살다가, 어느 날 갑자기 정말 말갛게 하늘로 돌아간다면/옆집//아기의 첫울음으로, 다시 태어나 또 한 번 부부가 됩시다!!

<우리의 약속> 전문

    온갖 정성과 사랑으로 아이들을 잘 영근 튼튼한 씨앗으로 다 독립시키고 난 다음, 부부는 다시 산속의 맑은 강물로 되돌아가는 '**자연 회귀의 삶**'을 마지막 노래하고 있습니다. 얼마나 순결하고 질박한 삶을 꿈꾸고 있습니까. 그저 자연을 닮은 순리(順理)의 삶을 꿈꾸고 있습니다. 진정한 의미의 참된 삶이란 '**자연을 본받는 것**'이라고 일찍이 **노자(老子)**는 말하였습니다. 자연 속에 삶의 길이 있다는 것입니다. 자연을 닮은 삶은 가장 **순리적인 삶입니다.** 이치를 어그러뜨리지 않는 저 하늘같은 순행(順行)의 삶을 사는 것입니다.

    지금까지도 그러하듯 '**천지(天地)의 이치(理致)**'를 거슬리지 않는 삶을 살아오고 있는, 류 시인의 아내 사랑도, 깊이 보면 **자연 사랑의 한 부분입니다.** 도대체 어느 작품 하나도 부자연스러운 데가 없습니다. 물이 흐르듯 아내의 이미지와 자연의 이미지를 따라, 작품(作品)이 제 스스로 즐겁게 콧노래 부르며 그냥 물 흐르듯 그렇게 흘러갑니다. 어색하거나 막히는 곳이 하나도 없습니다. 그야말로 '**천의무봉(天衣無縫)**'입니다.

7. 선연선과(善緣善果)의 삶

　月葉 류재상 시인은 '**1972년 1월 13일**'에 사랑하는 아내 海里 양정숙 여사와 결혼하게 됩니다. 본 시편들은 아내의 회갑인 **2007년 7월 15일(음6월 2일)에 헌시(獻詩)로 바친 시집(詩集)입니다.** 그러나 세월이 적잖이 흐른 오늘에 읽어도 그 이상의 언어를 찾을 수 없는 최고의 명작(名作)입니다. 이 시편들 속에 있는 시적(詩的) 진실이 류재상 시인의 영원한 진실입니다. 가슴 설레는 첫 만남 이후 결혼을 서약하고 성스러운 가정을 이룬 그 순간부터 류 시인의 연가(戀歌)는 시작됩니다. 그것이 현실의 삶을 넘어 죽음 너머에 있는 '**영원의 세계**'까지 뜨겁게 이어지고 있습니다. 일상(日常)의 사랑을 넘어 종교적 믿음의 사랑으로까지 뿌리를 아주 깊이 뻗어 가고 있습니다. 이것은 류재상 시인의 '**사랑의 신앙이요 사랑의 철학**'입니다.

　"**여보 이렇게 우리가 늙어가는/세월의 긴 질투 속에/그래도 해마다 봄이 오면/저렇게 활짝 핀 진달래를 아직도 사랑하는 당신이라 불러 봅니다**"라고 하여 한번 맺은 인연의 영속성을 맹세하고 있습니다. 또한 "**평생(平生)을 변하지 않는 사랑으로 살기는/참으로 어렵지만,/그래도/나는 아직까지 당신을/하늘에/써 놓은/그분의 말씀으로, 아침마다/새롭게 읽고 있습니다**"라고 하여 매일매일 사랑을 새롭게 탄생시켜, 신앙(信仰) 같은 충실한 자세로 일상생활과 접목시키고 있습니다.

　또 아내를 향한 찬사(讚辭)의 한 대목으로, "**여보 당신은 봄비인 것을/온 대지를 촉촉이 연주하는/그런 생명의 봄비인 것을**"이라고 노래하고 있습니다. 이 얼마나 아름답습니까. 얼어붙은 대지에 생명을 일구어 내는 **봄비[春雨]**라고 하였습니다. 그렇습니다. 여성은 대지를 상징하고 그 대지에서 번식시키고자 생명을 잉태하는 생명의 창시자입니다. 그러한 역할을 잘해 내고 있는 아내, 지어미에 대한 찬사가 꿀맛처럼 황홀하게 이어지고 있습니다.

'이성지합(二姓之合)은 만복지원(萬福之源)'이라고 하였는데, 그야말로 류 씨와 양 씨 두 분이 천복(天福)의 인연을 맺어 지난(至難)한 삶의 과정에서도 아름다운 사랑의 결실을 거두어 나날이 행복으로 가득 채워왔음을 시편(詩篇)에서 목격하고 있습니다. 아마도 이렇게 현실에서 맺어진 인연이 **'죽음을 넘어 영원의 세계'**까지 이어질 것입니다.

전통 혼례복에 씌어 진 글씨 중에 **'수여산(壽如山) 부여해(富如海)'**가 있습니다. 류 시인 내외분께서도 산(山)같이 길이길이 이어지는 장수를 누리시고 바다 같이 커다란 윤택함을 누리실 것입니다. 앞으로 틀림없이 산같이 오래도록 건강하시면서 맑고 깨끗한 청복(淸福)을 누리시게 될 것입니다. **하늘의 천리(天理)가 반드시 은총을 주실 것입니다.**

이번에 새로이 퇴고하여 펼쳐내는 연가집(戀歌集)『**여보! 당신만을 사랑해요**』에서 가장 많이 쓰인 어휘가 **'여보'**와 **'사랑'**입니다. 모든 시편들이 여보에서 시작하여 **사랑으로 절정(絕頂)을 이루고 있습니다.** 독자들을 가장 황홀한 사랑의 길로 인도(引導)하고 있습니다.

2010년에 펴낸 29시집 『**가장 황홀한 원**』에 실려 있는, 아내를 향한 연가 한 편을 살펴보겠습니다.

아내여! 시인의 아내여!/새소리 맑게 들리던 당신의 그 까만 머릿결이/어느새/하얗게 학(鶴)이 되었습니다/놀라운/세월의/마술(魔術) 앞에/남은 제 여생(餘生)을,/당신을 위해 푸른 노송(老松)이 되겠습니다/제 어깨 위에/앉아,/고고한/학(鶴)춤을 낳아/기르소서! 하늘의 언어(言語), 시인의 아내여!/당신은,//하늘이 주신 저의 가장 아름다운 시(詩)입니다!!

〈아내에게 바치는 연가(戀歌)〉 전문

주지하다시피, 月葉 류재상 시인은 **'5,000여 편'**이 훨씬 넘는 그 주옥같은 시를 창작하여, 이미 **'40권'**이 넘는 시집을 상재(上梓)하신 한국 시단의 **중견(中堅) 원로 대시인입니다.** 세속적으로는 평생 선생님 직책을 수행하신 분이나, 40권이 넘는 이 방대한 시집을 출간하는 동안 쌓아올린 그의 문학적 업적으로 볼 때, 그는 한국문학사(韓國文學史)의 새로운 지평을 연 **'천직의 시인(詩人)'** 입니다. 시인이 가장 사랑하는 연모(戀慕)의 결정체가 무엇이겠습니까, **바로 '시(詩)' 입니다.** 일생 추구하는 가치도, 일생 도달하고자 하는 경지(境地)도 바로 **시(詩)입니다.** 그런 시(詩)가 바로 아내 **'海里 양정숙'** 이라고 마지막 연에서 선연하게도, **"당신은/하늘이 주신 저의 가장 아름다운 시(詩)입니다"** 라고 불도장을 **'콱!'** 그대로 찍어 매듭을 짓고 있습니다. 이 얼마나 놀라운 시인(詩人)입니까.

두 분이 함께 하신 40여 년의 세월이 흐르다 보니 어느덧 **'하얗게 고고한 학(鶴)이 된 아내에게, 늙은 노송(老松)이 된 시인(詩人)의 어깨 위에 앉아 두둥실 마음껏 신명나는 학춤을 추시라 하십니다'.** 소위 속세에서 회자되는 연세 드신 남편이 아내에게 잘 보이고자 하는 언어가 절대 아님을 이미 독자들은 알아차렸을 것입니다. 참으로 가슴 뭉클하고 찡한 감동입니다.

이러한 시를 속마음으로 집필해 낼 수 있었던 것은 **아내의 현숙함 덕분입니다.** 그것을 현명한 남편은 놓치지 않고 있습니다. **지어미를 인정하는 지아비의 너그러움과 인자함입니다.** 이제 그동안 힘들었던 일상 좀 내려놓으시고 아름다운 저 **'자연 같은 아늑한 지아비의 품안'** 에서 휴식을 취하십시오. 충분히 그럴 만한 자격이 있으십니다. 류 씨 문중에 출가(出家) 오셔서 집안을 일구어 내시고, 씨앗 중의 씨앗으로 단단히 키워 오신 **'3남매와 어르신 봉양'** 에, 한 치의 느슨함도 없이 참으로 위대하고 아름답게 살아오신 **오! 이 세상에서 영원히 가장 아름다우실 '사랑의 여신(女神)' 시적(詩的) 여보, 당신이시여!** 〈끝〉

●제11시집 〈꺾어 심은 나무〉

꺾어 심은 나무
― 죽기보다, 살아남기가 훨씬 힘들어요

힘들어요! 메마른 땅에서, 뿌리 없는 생명(生命)이 힘들어요!
죽기보다도, 살아남기가 훨씬 힘들어요!
차라리
남은 생명을, 순교(殉敎)처럼 바치고 싶어요!
칭찬 받는 고통보다도, 욕먹는 죽음을
선택하고 싶어요!
그러나
고통(苦痛) 속에, 이대로
말라죽을 수는
도저히 없어요! 살라고 땅속에 깊이
꽂아 준, 그분을 배반(背反)할 수는
없어요!
마지막 남은 갈증
속에서
죽기보다
힘든, 실낱같은 뿌리를 지금 내 힘으로
만들고 있어요! 아, 물기가 무거워요! 정말, 쓰러질 것 같아요!
이 메마른 땅에서, 물기를 안고 그대로
쓰러질 것
같아요!
이를, 악물었어요!
하늘을

뒤흔드는 갈증에서도, 끝까지
살아남기 위해서! 꽂힌 그 자리에서
이를, 악물었어요!
떨리는 몸부림에, 드디어
사선(死線)을
넘어! 내 육신(肉身)에
생명이, 찾아왔어요! 살이 찢어지는
아픔 끝에서, 구원(救援)의 뿌리가 찾아왔어요!
이제는
살아남을 수 있는
용기(勇氣)가, 저 태양처럼 빛나고 있어요!
사선을 넘어, 새로운 생명을 되찾는! 내 힘이, 위대했어요!
이제,

나는 내 힘을! 정말, 종교(宗敎)처럼 믿을 수밖에 없어요!!
제11시집 〈꺾어 심은 나무〉의 표제시
-내가 믿는, 내 힘의 종교-

부부싸움
– 자기반성(自己反省)의 무게

결과는 성전(聖戰)이었지만, 동기는 저 뭉게구름이었습니다!
그러나 가끔은, 저 천둥치는 그 무서운
먹구름이 동기가
될 수도
있습니다!
전쟁도,
부부싸움과 같습니다!
세계 제1차
대전과
제2차
대전도, 결국은! 오늘 우리 부부싸움과 같이,
그렇게 끝나지 않았습니까? 물론 결과는 우리 부부싸움처럼!
그렇게, 참으로 못난 자기반성뿐이었습니다!
부부싸움은,
언제나
자기반성의
무게를 무겁게 지고
다닙니다!
이렇게 볼
때,
평화도! 전쟁 뒤에
오는, 자기반성입니다! 사랑도, 부부싸움

뒤에 오는 자기반성입니다! 살다보면, 부부싸움은 피할 수 없는 삶의 한 과정이지만! 도대체

삶이란, 얼마나 무거운 자기반성의 무게이기 때문에 그렇습니까?!
　　　　　-부부 싸움으로 배운, 나의 시-

나의 묘비시(墓碑詩)
– 나도, 살았을 때에는

나도, 살았을 때에는! 살아있는 당신들처럼, 한 여인(女人)을
사랑했다오! 지금, 당신들의 그 가슴처럼 그렇게 울렁이며!
그리움으로, 뒤척거리고 설레며
밤마다 몸부림쳤다오! 죽은 나도, 지금 살아있는
당신들처럼 그렇게 한 여인을 오래도록 기다리며
몹시 사랑했다오!
비와
바람으로 지금은 속속들이, 하늘에 다 녹아! 형체 없는
나도, 살았을 때에는! 살아있는 당신들처럼, 죽은 다음의
영원을 믿고! 부지런히
일하면서, 때로는 고달픈 삶이 왠지?
서글퍼! 소금기 많은 눈물로
밤새도록
얼굴을 씻어보기도, 한두 번이 아니었다오!
지금은 죽어 이렇게 무덤이 된
나도, 살았을 때에는!
남들보다
행복해서, 그냥
우쭐할 때도 참 많았다오!
사랑하는
내 아들이 공부를 잘해서, 우등생이 되었을
때나! 또는, 눈썹 그린 내 아내의 얼굴이 몹시 예뻐 보일

때에는! 남부럽지 않게, 몹시 자랑스럽고 행복해서! 지금
살아있는 당신들처럼, 꼭 그렇게 우쭐했다오!
그 많은
생각들과, 보드라운 살갗들을!
나무뿌리의
저 자양분
너머나,
찰랑거리는 물빛
그 너머로 다 넘겨주고! 지금은
앙상한 뼈들만, 부둥켜안고! 깊이 잠든 나도,
당신들처럼
그렇게 살아있을 때에는!
키우던 강아지 한 마리만 없어져도
자꾸만, 눈물이 핑 돌아!
잠 못 이루던, 그런 애틋한 가슴을 갖고 있었다오! 내가,
살았을 때에는! 해마다 꽃피는, 4월이나 5월이 그 얼마나
좋았던지!
아주 먼먼 그 훗날
내가 다시, 이 지상에 돌아올 때에는! 꼭 4월이나
5월처럼 그렇게 아름다운 계절에
돌아오리라는, 그런 황홀한 꿈도 꾸고 있었다오! 지금은
죽어, 나를 기억할 사람은 단 한 사람도 없겠지만!

계절이 바뀔 때마다 살아있는 당신들처럼, 나도 그렇게
한없이 막 가슴 설레는!

그런 기름진! 아주 촉촉한, 영혼(靈魂)을 갖고 살았다오!!

*묘비시(墓碑詩)는 내 작품 5,000편중에, 3편이 있다. 제11시집〈꺾어 심은 나무〉5번째와, 제12시집〈과수원집 뻘간 사과〉21번째와, 제31시집〈삶의 여백〉의 맨 마지막 끝 작품에 있다. 사랑하는 내 아들딸·손자들아! 엄마아빠 그리고 할아버지 할머니가, 저 머나먼 영원(永遠)으로 돌아간 다음에, 그 어느 것이든 너희들이 서로 잘 상의하여 선택하여라.

-나의 묘비 시(詩)-

하늘이 옷을 벗을 때
– 죽음의 찬가(讚歌)

소문(所聞)처럼 하늘은, 그렇게 텅 비어 있지 않았습니다!
알찬 습기로, 언제나 촉촉이 젖어 있었습니다!
그 파랗고 깨끗한 살결 위에,
뜨거운
숨결 같은
그런 촉감을 갖고 있었습니다!
해가 지는
놀빛 아래, 신방(新房) 같은 황홀한
공간에서!
하늘은, 조용히
옷을 벗고
나를 완전히 흡수하려
했습니다!
가장
짜릿한 순간은, 하늘[天]이 마지막 속옷을
다 벗어 던지고! 잿빛 같은 캄캄한, 제 삶을 완전히
파랗게 흡수하려 할 때였습니다! 멀고도
아득히
들리던,
교회의 종소리 같았던
내 삶의 그 많은
순간들을 다 벗고!

영원(永遠)으로
편안히, 잠자리에 누웠을 때! 하늘과
나는
그만, 가장 뜨거운
초야(初夜)의
그 한 몸이 되고 말았습니다!
소문(所聞)처럼 하늘은, 그렇게 텅 비어 있지
않았습니다! 알찬 습기로, 아름다운 여인의 그 속살처럼
그렇게 촉촉이 젖어 있었습니다! 파랗고 깨끗한,

살결 위에! 꿈결 같은, 그런 달콤한 촉감을 갖고 있었습니다!!
　　　　　　　　　－내 죽음의 찬가(讚歌)－

◐제12시집 〈과수원집 빨간 사과〉
과수원집 빨간 사과
– 단맛을 임신(姙娠)한, 하느님의 딸

과수원집, 빨간 사과야! 저 유명한 피카소(Pablo Picasso)
할아버지가, 너를 만약 그렸다면?
아마, 임신(姙娠)한
여인으로 그렸을 거야?
임시한
여인으로, 그렸을
거야?
햇빛이
처음으로, 네 깊은 속살에
딩동댕 뛰어들었을 때! 너는. 이미 예쁜 신부(新婦)였어!
첫날밤, 신부였어! 네 배
속에 단맛이
자라서, 아주
튼튼한
자양분(滋養分)으로
자라서! 오늘도
달콤하게, 아랫배에서 태동하는!
과수원집, 빨간 사과야! 너는 이제, 임신한 하느님 딸이야!
예쁜, 하느님 딸이야! 내 곁에, 가장 가까이 있는

하느님 딸이야! 가장 건강한, 단맛을 임신한 나의 사랑아!!

제12시집 〈과수원집 빨간 사과〉의 표제시

내가 사랑하는, 내 시-

나와 나의 시(詩)
– 하늘과 결혼한, 내 영혼

남들이 다들 손가락질하는, 그 쓸모없는 험준한 돌산[詩] 하나를
넉넉히 한번 태어나 죽는 셈치고! 한 40여 년
메마른 땡볕 아래, 땀방울
흘려 보았더니!
이제는, 제법 나무도 몇 그루 자라!
스스로, 그늘을 만들고!
잡초들 어디에서 많이 몰려와,
제법
영글은
씨앗을 뿌리고 있습니다!
저 많은 어리석은
사람들보다,
내가 심은
나무들의 콧노래가 더 좋아! 잡초(雜草)들
귀여운 엉덩이 두들기며, 살아온 그 긴 세월! 이제, 제법 바람도
그을린 내 얼굴을 알아봅니다! 저 멀리 있는
내 영혼에게,
저 나비와
산새들로 쓴
내 편지의 그 붓글씨도!
제법,
뚜렷해

졌습니다! 하늘이 모처럼, 지어주신
내 속옷 한 벌!
저쪽 흰 구름에, 오늘은
벌써 소매 끝에 때가 묻었습니다!
내일은, 천사(天使) 만날
그 푸른 꿈으로! 때 묻은 내 속옷을, 깨끗이
빨아 입고! 험준한 내 돌산을, 한 바퀴 빙 돌아! 저 바위들이
그렇게 하늘로 날고 싶어 꿈꾸던, 그 많은 먼지들

뽀얗게 데리고! 하늘과 결혼(結婚)한, 내 영혼을 찾아가겠습니다!!
　　　－내가 지금껏 시인(詩人)으로 살아온, 그 모진 내 삶의 시－

나의 글씨
– 내 묘비(墓碑)

갈매기 날아오르는, 저 붓[筆]으로! 나도
하늘[天]에, 힘찬 붓글씨를
쓰리라!
말갛게
흰 구름
동동 떠다니는, 저 푸른 하늘 너머로!
나[我]도,
날아서!
새처럼
하늘에 붓글씨를, 쓰리라!
내 이름 밑에, 내 아내의 이름, 양정숙을
커다랗게 쓰리라! 지금 막, 활짝

웃고 있는! 저 연꽃처럼, 그렇게 쓰리라!!
       –죽음 그 너머, 행복한 나와 내 아내 묘비–

봄소식
– 나는 지금, 집을 짓습니다

나는 지금, 새소리로 커다랗게 기둥을 세운 화사한 집을 짓습니다!
지붕위의 기와는, 막 활짝 핀 저 황홀한 벚꽃!
천정과 벽은, 지금 한창
깔깔거리며
돌아오는
새싹들의
저
새파란 웃음소리로 바르고!
현관(玄關)에는
얼음이
한창 녹아
졸졸거리는 저 물소리, 그 예쁜 카펫을
깔겠습니다! 정원에는, 촉촉한 봄비 몇 개를 자연석처럼 다문다문
박아놓고! 대문은 언제라도, 아롱거리는
아지랑이로
활짝
열어놓겠습니다!
밤[夜]이면, 환하게 켜 논
달빛
아래! 땀
흘리며
찾아오는

풀벌레울음을, 내 기쁨이
다 나서서! 가장 귀한, 손님으로 맞이하고! 온통
새소리 가득한 내 집에, 작년 봄 헤어진 내 여동생들 진달래가!
분홍빛, 그 콧노래 흥얼거리며 신나게 찾아오면! 우리

이웃집 아주머니, 저 개나리도 한판 막 흐드러지게 춤판을 벌립니다!!
-나의 가장 아름다운, 시적(詩的) 꿈-

노인(老人)의 노래
– 내 뒷모습의 향기(香氣)

등 굽은 노인 한 분이, 하얗게 서 있는
그 풍경(風景)! 지금, 파란 하늘냄새가
난다!
짙은, 유자꽃
향기가 난다! 복숭아 속살
같이
그렇게 살아온,
그 긴
세월(歲月)!
지금, 한없이 하늘로 파랗게 흡수되는
노인 한 분! 가장 잘 익은, 과일냄새가
난다!
내[我]가, 나를
뒤돌아보는
나의
모습! 하얗게 서 있는
등 굽은,
노인 한 분!
짙게
풍겨오는, 내 뒷모습의 그 향기(香氣)!
등 굽은 노인 한 분이, 하얗게 서 있는
그 풍경! 지금 짙게

풍겨오는, 5월의 저 라일락 향기가 난다!!
-지금, 80노인인 나의 모습-

먹다 남은 감자하나
― 드디어, 첫날밤[初夜] 같은

하늘같은 파란 접시 위에, 먹다 남은 감자하나!
이빨에 상처 난 그 이마, 그래도
행복합니다!
이빨의 두려움보다
먹히는
기다림에, 비로소
약자(弱者)가
아닌
강자가 됩니다! 달빛 같은
하얀 접시 위에, 아직도 먹다 남은 감자하나!
혀끝 위에 오르는 영광보다
침묵의, 그 기다림이
더 설레임니다!
오랜 기다림 끝에,
촉촉한 살결 속으로
드디어
첫날밤[初夜] 같은! 힘찬, 꼬챙이 하나
꽂혔습니다! 피 흘리는 그 아픔보다, 황홀함에
온몸을 떨고도! 다시 당신 주고 싶은

향긋한, 꽃잎 하나! 제, 가슴에 더 남아 있습니다!!

―내가 참 아끼고 사랑하는, 내 시―

강원도 어느 산골마을 이야기
– 정다운 이야기들이 새끼를 낳지 않아

정다운 이야기들이 새끼를 낳아 기르는, 작은 마을에!
구름이 와서 놀다가 더러운
개똥같은, 현실(現實) 하나
밟고
투덜거리며 간다! 그 못된 농협(農協)빚 말고는
걱정
하나
살지 않았던
이
마을에, 요즘은 집집마다
그 정다운 이야기들이 새끼를 낳지 않아 걱정이다!
며칠 전에, 이사 왔다는
서울
사람
하나가! 붕~
붕! 붕~~
이렇게 아침마다, 그 시끄러운 자동차소리에!
마을이,
온통 들쑤셔 논 벌집이다!
자식들을 낳아 우유 대신에,
달콤한 웃음소리로 길러온 이 마을에! 요즘 갑자기,
승용차가 다섯 대로 늘어나고!

교통사고로, 한 사람이 죽고! 벌써, 다친 사람도 셋이다!!
-내가 들은, 강원도 어느 산골 이야기-

◐제13시집 〈하얀 밥풀 하나〉
〈서시〉숨어서 피는, 작은 꽃
– 이름은 세상에 없어도

나는, 꽃이다! 들녘이나 산야(山野)에 숨어서
피는, 그런 꽃이다!
이름은
세상에
없어도, 잡초들 사이에
잡초와 어울려!
밤이슬
함께 나누어
마시는, 그런 꽃이다!
내 힘만으로, 피고! 내 힘만으로 씨를 뿌리고
사는, 그런 꽃이다!
기쁠 때에는
하늘을,
우러러 아버지라
부르고! 외로울 때에는,
지나는
바람을,
어머니이라 불러도
만족한 그런 꽃이다! 숨어서, 사람들 눈에는 잘
띄지 않지만! 그러나

가장, 만족하고 가장 향기롭게 사는 그런 꽃이다!!

2000년 여름
월엽당 '시인의 집'에서
월엽 류 재 상 씀.

죽순을 먹기 위해
– 시인(詩人)이, 죽순의 껍질을 벗긴다

죽순(竹筍)을 먹기 위해, 껍질을 벗긴다! 그것도, 시인이
죽순의 껍질을 벗긴다!
시대를
넘어,
속살과
순결은 언제나 가장 깊은 곳!
오천년,
하늘이 고여 있는
달싹한
살결! 터질 듯 부풀어
오르는, 속살을 찾아! 순결(純潔)한, 죽순의 속옷을 벗긴다!
떨리는 초야(初夜)의
그날처럼,
그 마지막 속옷을
벗긴다!
아직도, 순결하게 남아 있는!
이 나라
푸른
대[竹]의,
그 지조와 절개! 오늘밤,
새로운 요리(料理)를 위해! 통통한, 죽순의 껍질을 벗긴다!
터질 듯 남아 있는,

가장 가슴 떨리는! 그 황홀한, 마지막 한 겹의 속옷을 벗긴다!!
-내가 몹시 자랑하는, 내 시-

하얀 밥풀 하나
– 하늘에서, 오신 손님

하얀 밥풀, 그는 손님이시다! 하늘에서, 오신 손님이시다!
그의 하얀 그 도포자락에, 오늘도 하늘이
파랗게 묻어 있다!
내
생명(生命)을 가장
소중히, 하늘에서 데리고
오신 손님이시다!
오천년,
그 아득한
이 나라!
웅녀(熊女)의, 그 달빛 같은
비뇨기(泌尿器)냄새를! 처음으로, 가장 향긋하게
찾아주신 손님이시다! 그의
눈부신
하얀,
옆구리에서!
오늘도
여름날, 소나기 지나가는
소리가 난다!
그의
촉촉한 눈웃음 끝에는
오천년, 우리의 그 까마득한 삶이! 아직도

달콤하게, 묻어있다! 된장냄새, 아득히 풍기는! 이 나라
그 뜨거운, 오천년 역사(歷史)가!

그의, 하얀 입술 가에! 아직도, 신화(神話)처럼 묻어있다!!
제13시집 〈하얀 밥풀〉의 표제시
-내가 참 소중히 아끼고 사랑하는, 내 시-

그 해맑은 시인(詩人)의 눈길
– 독자(讀者) 여러분들에게

그 해맑은, 시인(詩人)의 눈길이 참으로 닿기만 하면! 저렇게 무의미한 돌[石]들도, 비로소 하늘에서 따뜻한 온기(溫氣) 하나 물고 와! 붉은 피가 생기고, 하늘에서 핏줄이 내려와, 얽히고! 심장이, 뛰기 시작하고! 과일 같은, 향긋한 입술에! 예쁜 소녀같이, 커다란 눈을 끔뻑거리면서! 드디어, 살아서 호흡하기 시작합니다! 무의미한 저 돌들은, 시인의 해맑은 눈길이 있기에! 그 영원한 잠에서 깨어나, 저 푸른 하늘과 입 맞추고! 날으는 새들과 만나, 서로 어깨동무하면서! 인간이 슬퍼서 울 때, 같이 울고! 인간이 즐거워 웃을 때, 같이 웃어주는! 그런 따뜻한 체온을 간직한, 살아있는 돌이 됩니다! 돌들이, 춤추고 싶을 때! 반드시 시인의 눈길을, 만나야 하고! 돌들이, 노래하고 싶을 때! 시인의 그 해맑은, 눈길을 반드시 스쳐야 합니다! 돈, 명예, 권력 이런 것들로! 아득히, 오염된 이 더러운 인간 세상에! 당신들이, 가난한 시인을 참 우습게 알지만요? 사실은, 이렇게 새로운 생명을 만들어! 황홀한 환희와 기쁨을, 인간에게 아낌없이 다 바치는! 그런 사람이, 바로 시인입니다! 존경하고 사랑하는, 독자 여러분!!

-시인의 그 해맑은 눈길-

하늘을 읽는, 아이
– 내의 그 어린 시절

나는, 어릴 적 책(册)이 없었다! 그래서, 늘 하늘이 준
저 눈부신 파란 책을 혼자 읽었다! 맑은 하늘에
멀리 날으는 저 새들을
혼자, 수없이 큰소리로 읽었다!
저 먼 산
아래,
작은 마을 하나!
아주, 예쁘게 그림처럼 걸어 놓고!
나를, 날마다
뭉게구름
그
손짓으로!
부르던, 그 다정(多情)했던 하늘!
그때는 정말 둘도 없는, 내 친구요 내 형(兄)이었다!
흐르는 세월의 그 물소리가, 자꾸만 부르던 내 이름을
몇 번 쓰고 지우는 사이! 나하고
그렇게
신나게
놀아주었던,
그 어렸던 나의 그 예쁜 시간도!
어느덧 머리가
희끗하고,

나도 벌써
하얗게 늙었다! 그래도, 하늘이 준
그 파란 책을! 나는
지금도, 매일 혼자 읽는다! 오늘도, 하늘이 갖다 준
그 촉촉한 봄비[春雨]를! 파릇한, 새싹 위에 펼쳐 놓고!
막 시끄럽게 맨발로 달려오는, 저 생명(生命)들의

그 신비(神秘)를! 또, 가장 황홀한 감동(感動)으로 읽는다!!
-집에 책이 하나도 없었던, 내 어린 시절의 시-

◐제14시집 〈시인의 나라〉

10월의 어느 아침
― 꼭, 중(中) 3년생 같은 아침

참으로, 상쾌한 아침이에요! 꼭, 중(中) 3년생 같은! 그런, 여학생 같아요!
내 눈[目] 속으로 뛰어드는, 저 산과 황금빛 들판이
너무나 발랄해요!
금방 잠 깬
저쪽 하늘은, 예쁜 우리 외손녀
같고요! 들리는 새소리에는
티 하나 묻어있지
않았어요!
햇살은 아직
얼굴을, 나타내지 않았어요! 아침 공기의
고 해맑은 목소리가, 지금 한창 참 상쾌하게 들리네요! 부는 바람[風]이
꼭, 파란유리알 같고요! 만지면 금방이라도
그냥, 쨍~!
하고 깨질
것만 같네요!
저것, 좀 보세요? 강아지들의
뛰노는, 즐거움이! 우리 집 마당에
가득, 뿌려지는
빨간 꽃잎이에요!
오늘은, 왠지? 뽀로통한, 우리 큰 딸의 그 짜증 섞인

목소리도! 어쩐지? 우리 집 정원에서 풍겨오는, 저 국화꽃향기 같네요!
참으로, 상쾌한 아침이에요!

꼭, 중(中) 3년생 같은! 가장 예쁜 여학생 같은, 그런 10월의 아침이
에요!!
  　　　　　-우리 집, 10월의 그 상쾌한 아침-

겨울 빗소리
– 겨울 땅속에 잠들어 있는, 작은 봉선화(鳳仙花)씨

겨울 빗소리아저씨, 안녕하세요! 저는, 지금 땅속에 깊이 잠들어 있는
작은 봉선화 씨앗이에요! 작년, 무더운 여름 날!
세상이 너무 아파, 우리 어머니의 가슴이 막 폭발할 때
그때에,
태어난 몸이에요!
이렇게 작아도, 내년 일 년의
행복이 완벽하게
압축돼 있는! 매우, 귀(貴)한 몸이에요!
겨울 빗소리아저씨, 그 목소리
좀 낮추어 주실래요?
저는,
지금
땅속에 깊이 잠들어 있는 그런 몸이에요!
저쪽에서, 무섭게 밀려오는! 색안경 낀, 저 시꺼먼 먹구름 좀 보세요?
겨울 빗소리아저씨, 제발 그렇게 시끄럽게
칭얼거릴
때가
지금 아니에요?
제 가슴에서, 싸늘한
당신의 그 손부터 좀 떼 주실래요?
하루 종일

칭얼거리는, 아저씨보다!
어제 저쪽 양지쪽에서, 웃고 계시던
그 따뜻한
햇살아저씨를! 저는, 더 존경해요! 겨울 빗소리아저씨,
제발 저 좀 가만히 내버려두세요? 내년 여름,
우리 큰언니들 그 예쁜 손톱들이! 곳곳마다, 빨갛게 한창 웃음보를
터뜨릴 그때!

겨울 빗소리아저씨, 당신을 조용히 그리워하며 한번 생각해 볼게요?!
　　　-우리 집 뜰에 내리는, 참 귀한 겨울 빗소리-

가을 들국화
– 살아계시는 하느님

안녕하세요, 저는 갈[秋]바람이에요! 부지런한 농부(農夫) 앞에서, 일제히 고개 숙인 벼이삭 아저씨들! 들녘의, 저 순진한 들국화를 너무 그렇게 큰 소리로!
온 세상이
온통
노랗게, 꾸짖지 마세요?
들국화는
아직
사람[人]들의, 그 위대함을 잘 몰라요!
오직 아는 것은, 엊저녁에 무지갯빛 그 잠자리를 만들어
준! 저 촉촉한, 그 밤이슬뿐이에요! 지금
무릎
꿇고
한창 기도하는, 저쪽 들녘
벼이삭
아저씨들!
들국화를 너무 그렇게
큰 소리로, 온 들녘이 노랗게 꾸짖지 마세요? 순진한 들국화는, 아직도 부지런한 저 농부(農夫) 아저씨가! 정말, 이 세상에 살아

계시는 하느님이란 그 사실을! 지금, 전연 모르고 있단 말이에요!!
–내가 가장 좋아하는, 가을 들국화의 시–

◐ 제15시집 〈아침이슬〉

내 삶의 새로운 종교(宗敎)
– 어제와 전연 다른 오늘

행복이란 게, 특별히 있는 걸로 알고 있었지만! 살다보니
사실은 행복이란 게, 별로 특별할 게 없는 그 자체가
바로 행복임을 알았습니다! 자식들 다들 잘 있어, 오늘도
무소식이고! 내 아내,
자꾸 옆에서
꽤나
잔소리하고! 어린 손자들 서로
저희들 끼리, 한창 옥신각신
싸우고
다투는! 그 자체가, 바로 행복임을 나는
이제야
겨우 알았습니다!
오늘 그 수많은
교통사고 중, 우리
식구와 내가 아는 사람들이 하나도
끼여 있지 않은 것만 해도! 참으로, 하늘에 감사합니다!
행복의 단위는, 오늘 하루뿐입니다! 밤사이에, 또 어떻게
될지? 그 누구도, 알 수 없습니다!
오늘 아침에, 내가
다시 무사히
깨어난다면! 어제와
전연, 다른

새로운 세상입니다! 아들딸들도, 어제의
내
아들딸들이 아닙니다! 오늘
다시, 태어난 내 아들딸들입니다!
오늘
태어난
나는, 하루 종일
세상을 처음 만나는 환희와 기쁨으로 삽니다! 밤은, 잠을
통하여 큰 죽음의 작은 연습입니다! 그래서 오늘은
절대로, 어제의 그 연장이 아닙니다! 작은 죽음을 거쳐, 다시
탄생한 오늘입니다! 이것은,

내가 믿는! 내 삶의 가장 행복한, 나의 확실한 종교입니다!!
-내가 믿는, 확실한 내 삶의 종교-

석류꽃과 석류(石榴)
– 내 삶의, 그 섬세한 내부(內部)

오늘도, 내 삶의 한나절은 활짝 핀 저 석류꽃! 그 속에 흐르는 시간들은, 한창 꿀 찾아 윙윙거리는 꿀벌들!
꽃답지 않는 꽃들은
다 따버리고, 내가 살아온 세월은 오직
건강한 석류꽃 하나! 내 죽은
다음에 비로소
열릴,
커다란 그 석류 하나!
신맛에서
단맛으로
바뀌는, 순간! 그 어느 날 갑자기 "쩍~"
하고, 열어 보이는! 내 삶의, 그 섬세한 내부! 죽어, 내 살갗이
전부 물소리로 다 흩어져도! 석류꽃은
여전히,
아름답게
피고! 하늘[天]에서
내
형체가, 깨끗이
연기로 사라져도! 석류는
여전히, 지상에 커다랗게 열리겠지?
신맛에서 단맛으로
부지런히 싸 올린, 내 생애의 전부가!

지상(地上)에서 "쩍~"하고, 열리는 순간(瞬間)! 그 누구라도 정갈하게, 정돈 된

내 생(生)의 내부를! 환히, 들여다보겠지 환히 들여다보겠지?!
　　　　　　　－섬세한, 내 삶의 내면세계(內面世界)－

하늘에 쓰는 내 일기(日記)
– 희끗한, 내 오십대 중년(中年)

아침마다 매일 나는, 내가 쓴! 하늘의 일기(日記)를, 한 줄씩 읽고
직장(職場)에 출근합니다!
하늘에
일기를
쓰도록, 가리켜 준
선생님은!
희끗한, 내 오십대 중년(中年)입니다!
오늘도, 흔적 없이 사라지는
내 하얀 담배
연기로!
일기를, 하늘에 씁니다!
촉촉한 봄비같이 쓰다가, 또 저 뜬구름같이 고쳐 쓰기도 합니다!
저쪽의 저 작은 들꽃은
오늘,
일기 쓰는
내 연필(鉛筆)입니다! 이렇게,
촉촉이 봄비 내리는 날에는! 그 젊은
날의
내 그리움을, 들꽃
그 예쁜
연필로!
하늘에, 새롭게 써봅니다!

희끗한, 내 중년의 일기를! 오늘도 또, 또박또박 하늘에 씁니다!
아침마다 매일 나는,

내가 쓴! 저 하늘의 내 일기를, 한 줄씩 읽고 직장에 출근합니다!!
-50대 내 중년, 그 때의 시-

집 없는, 시인(詩人)의 집
– 가장 예쁜 꽃잎 하나를 250평가량 확대해 놓고

가장 예쁜 꽃잎 하나를, 약 250평가량 상상으로 확대해 놓고!
그 위에, 집 없는 가난한 시인(詩人)이 집을 지었습니다!
처음에는, 그 흔한 양옥(洋屋)을
지을까
하다가!
또
한 번, 그윽한 한옥(韓屋)을 그려보다가!
끝내는
가난한
영혼을
뽑아, 작은 초가(草家)집을 지었습니다!
그래도, 그 예쁜 꽃잎 위에! 보름달처럼 둥그렇게
떠 있는, 환한 초가집 한 채! 그 향긋한
뜰에는
언제나
시들지
않는, 자자한 웃음꽃이 활짝 피었습니다!
저쪽 시간
밖에 사는,
내 친구
창호(昌浩)녀석도 가끔씩 놀러오고요!
하늘도, 세상이 몹시 더럽고 부끄러울 땐! 꽃잎 위의

우리 집 싸리문(門)을, 살짝 열어봅니다! 예쁜 꽃잎 하나를,
약 250평가량 상상으로!

확대해 놓고, 그 위에 집 없는 시인(詩人)이 집을 지었습니다!!
-집 없는, 가난한 시인(詩人)의 그 상상의 집-

●제16시집 〈감각.21〉
〈서시〉정다운 가족
− 나는 자연을 이렇게 사랑해요

저 가을 귀뚜라미가
달빛을,
'오빠'라
부르면!
달빛은
나를,
'형(兄)'이라 부른다!
뒤뜰
귀뚜라미는
어느새,
귀여운
내
'여동생'이다!
우리는, 이렇게!

정다운, 한 가족(家族)이다!!

2002년 7월 15일
월엽당 '시인의 집' 주인
−월엽 류 재 상 씀−

다섯 살 외손녀
– 우리 집 예쁜 하느님

다섯 살, 내 외손녀(外孫女)는 음악이다!
가장, 감미로운
음악이다!
어제는,
달콤하게
하루 종일!
그 웃음소리, 귀[耳]에 넣고 살았다!
오늘은,
그 앙증맞은
재롱을!
상큼하게
눈[目]에
넣고, 산다!
외손녀의 그 아장거리는, 발걸음에는!
언제나, 피아노소리가 난다!

외손녀는, 이제 우리 집 예쁜 하느님이시다!!

-우리 외손녀 임성하의 시-

자연의 가족(家族)
– 손자(孫子)

저 물소리가, 내 손자(孫子)다
오늘도
자정(子正)이
훨씬
넘도록, 달빛
그
환한 책(册)을
읽고
있다! 자연은, 이렇게 전부가!

사랑하는, 내 가족(家族)이다!

-시적(詩的) 우리 가족-

자연의 소유
– 새[鳥]

저 새[鳥]는, 내 외손녀이다!
하늘의
소유권을,
갖고
있다!
인간(人間)의 그 더러운
때가,
하나도
묻지
않은!
산속의 저 씨앗과 열매들이!
다, 내 외손녀!

임성하(林成夏)의, 소유(所有)다!!

-우리 외손녀 임성하의 시-

눈 내리던, 겨울 고향풍경
- 우리 외할머니

펑펑, 내리는 흰 눈이! 겨울을, 어머니라고
부르고 있다!
이때,
겨울이
저
들녘을!
외할머니라, 부르고 있다! 저쪽 들녘이,
흰 눈[雪]을! 하얗게, 업고 간다! 머리가
하얀
우리
*외할머니가,
어린
나를 업고 가듯이!
그렇게, 들녘이 하얗게! 흰 눈을, 업고 간다!

이것이, 눈 내리던! 내, 고향 그 들녘풍경이다!!
*외할머니: 한 동네 같이 살던 외할머니가 나를 다 업어 키워주셨다.
-눈 내리던 내 고향 풍경-

◐제17시집 〈이야기〉
덕유산 가는 길
– 하늘과 함께 손뼉 치는

새소리[鳥聲]가, 상큼하다 못해 그만 달다!
동네에서 맛보던, 그 때 묻은 새소리보다
훨씬 시원하고
향긋하다!
휴식 끝에
바람에,
기쁨을 상쾌하게
타서! 진하게, 한 잔(盞) 마시고! 갈 길을
또 내 배낭 속에,
힘껏 구겨
넣는다!
흘러내리는
땀방울이
짭짤하게, 산 정상(頂上)을 가리키고 있다!
하늘과 함께 손뼉 치는, 가장 즐거운 곳에!

지금, 내가 구름[雲]과 나란히 손잡고 서 있다!!
　　　　　　　　　　　 -덕유산 가는, 그 등산(登山) 시-

스치는 바람 자네
– 내 백발 만나로 왔다가

스치는, 바람 자네! 휘날리는 내 백발(白髮) 만나러 왔다가, 또 그렇게 휭하니 지나가는가? 스치는, 바람 자네도! 젊었을 땐, 꽃잎같이 그렇게 싱싱했던 그 이빨! 벌써, 두 개나 그만 빠졌구려! 스치는, 바람 자네 옆구리에! 그렇게 깊이 심어놓았던, 젊은 시절 그 빛나던 오기(傲氣)! 아직도, 저 먼 별빛을 향해! 참으로, 씩씩하게 자라고 있는가? 하늘과 땅을, 마음껏 지배하던 바람 자네의 손아귀에서! 그 잘난 오기, 얼마나 무섭게 꿈틀거리고 있었나? 오늘 보니, 이제 스치는 바람 자네도! 꼭, 나처럼 참 많이 늙었구려! 자, 내 이 백발(白髮)! 나의 마지막 펄럭이는, 이 흰 깃발을! 스치는 바람 자네가, 힘차게 한번 흔들어 주시게나! 나도 그만, 스치는 바람 자네처럼! 이 무거운 삶, 훌훌 다 벗어 던지고! 세월 너머, 시간(時間)이 살지 않는 그곳으로! 이제 바람 자네 따라, 아주 말갛게! 흔적 없이, 가장 깨끗이 떠나고 싶구려!!

－내 늙어감의 노래－

●제18시집 〈봄소식〉

계유년(1993년) 1월 31일
– 사랑하는 제자, 정순진 군이 결혼하는 날

오늘은 내 제자, 정순진군이 결혼(結婚)하는 날! 오늘은 저렇게 아침의 태양도, 신랑(新郞)처럼 동해(東海) 가득히 웃으며 떠오르고! 오늘은 하늘도, 신부(新婦)처럼 그렇게 해맑고 아름답습니다! 햇빛과 바람도 한없이 좋아서, 마냥 우쭐거리는 오늘 하루! 푸르게 막 손뼉 치는, 저쪽 소나무들도 모두가 몹시 들떴습니다! 새들도 즐거워 까닭 없이, 더욱 하늘 높이 날고 있습니다! 신혼(新婚)의 사랑만큼, 맑고 화창한 오늘! 흙과 돌들까지도 좋아서, 하객(賀客)이 되고! 멀리서 들리는 자동차 그 소음까지도, 오늘은 행복한 축하(祝賀)의 노래로 들립니다! 계유년(1993) 1월 31일! 오늘은 사랑하는 내 제자가, 참으로 결혼하는 날! 하늘도 구름 한 점 없이, 파랗게 손뼉 치며 눈부시게 축하하는 날! 온 세상 전부가 활짝 웃는, 가장 즐겁고 가장 행복(幸福)한 날!!

-가장 사랑하는 내 제자, 정순진 군 결혼 축시-

새 천년(2000년) 새해 아침에
– 나는, 쉰일곱이 되고! 당신은, 쉰 넷이 되는

여보! 또, 새해 아침이 밝았습니다! 새 천년이
새로운 모습으로, 우리를 찾아왔습니다! 세월
앞에 경건히, 무릎 꿇는 날입니다!
태양 앞에
감사히,
무릎을 꿇는 아침입니다! 여보! 저 눈부신,
햇살을 만나!
나는, 쉰일곱이
되고! 당신은, 쉰 넷이 되는
그런 엄숙한 날입니다! 나와 당신의 얼굴에서
주름살이 주시는, 하느님의
말씀을 듣는
아침입니다!
여보! 우리도 내년(2001년)이면, 막둥이까지
대학을 졸업하는!
참으로, 벅찬 한 해가 됩니다! 그럴수록
우리 두 사람은 무릎 꿇고, 경건히 기도합시다!
자식들이 저렇게 건강하게 성장하는, 그 눈부신
재미와 즐거움이!

우리가 가진, 재산의 그 전부가 아닙니까? 여보!!
　　　　　－우리 가족의 새해 새아침의 기도 시－

참으로 바보 같은 시인(詩人)
– 그 괴짜 친구의 말을 믿고

존경스러운, 내 괴짜 친구는요! 날으는 저 새들을, 하느님이 누는 똥이라나 뭐라나요? 글쎄요? 하는 사이에 장미꽃은, 이미 가장 아름답게 활짝 피어있었습니다! 존경스러운, 그 괴짜 친구는요! 저 활짝 핀 장미꽃이야말로, 하느님의 항문(肛門)이라는 것을 아느냐? 고, 이렇게 또 한 번 묻는 사이에! 우리는 이미 불혹(不惑)을 넘어, 지천명(至天命)에 도달해 있었습니다! 존경스러운, 그 괴짜 친구는요! 우리 얼굴에 있는 그 많은 주름살들이, 하늘로 오르는! 오직 하나밖에 없는, 가장 튼튼하고 긴 밧줄이라나 뭐라나요? 이렇게, 농(弄)하는 사이에! 친구와 나는 이미 그 밧줄을 타고, 하늘로 열심히 오르고 있을지도 모르겠습니다! 존경스러운, 그 괴짜 친구는요! 자기가 지상(地上)을 다스리는, 살아있는 진짜 하느님이라나 뭐라나요? 물론, 그런 좀 이상한 사람은! 이미 저 먼 옛날, 2천 년 전에! 꼭, 한 분이 있었습니다만! 하여튼, 나는 그 친구의 말을 믿고! 언제나 그의 웃음을 따라서, 나도 함께 웃어보는! 참으로 바보 같은, 그런 시인(詩人)이랍니다!!

-내가 가장 좋아했던, 어느 괴짜친구 이야기-

◐제19시집 〈사랑의 시〉

딸과 사위에게 주는 시(詩)
– 축시(祝詩)

사랑하는, 내 딸 내 사위야! 너희 결혼을, 한없이 축하한다! 이 아비 어미도, 오늘 꼭 너희처럼! 그렇게 주례 앞에 가슴 설레며, 손끝이 파르르 떨려오던 그 행복이! 아직 채 지워지지, 않았는데! 어느덧 너희가 아비 어미와 똑같이, 행복에 가슴 떨며! 둘이서, 가장 행복하게 나란히 섰구나! 천사(天使) 같은, 내 딸 내 사위야! 참으로 알 수 없는 것이, 바로 흐르는 시간이란다! 가장 흔한 것도 시간이고, 가장 소중한 것도 시간이란다! 참으로, 가볍게 낭비하기 쉬운 것도 시간이란다! 사람들은 흐르는 시간 앞에서, 서투른 삶을 살았다고 후회하나! 그러나 그 후회가, 우리의 소중한 삶에서! 그 얼마나 아름답고, 그 얼마나 고귀한 행복인가를! 너희가 결혼하는 오늘에야, 비로소 아비 어미는 알 것 같구나! 그래서, 오늘은 가장 소중하고 가장 즐거운 날! 아침에 떠오르는 저 햇살도, 너희를 축복하는 박수로 저렇게 눈부시구나! 그 동안, 서운한 일들이 있거들랑! 오늘 이 천사 같은 마음 끝에서, 훌훌 먼지같이 멀리 털어버리고! 이제부터 손잡고 가야 할 오붓한 행복의 길을, 조심스럽게 천천히 살펴 걸어가다오! 너희를 항상 도와 줄, 저 하늘도! 오늘은 더 맑고 더 푸르게, 얼마나 만족하고 흡족하게 웃고 계시느냐! 사랑하는, 내 딸 내 사위야!!

1996년 1월 28일
-우리 딸과 우리 사위의 결혼 축시 〈엄마아빠가〉-

20030113
– 결혼 31주년

여보, 당신은 햇빛입니다! 풀잎을 파랗게 기르시고 열매를 맛 들게 하시는, 그런 눈부신 햇빛입니다! 아직도 시들지 않고 피어 있는, 그 아름다운 싱싱한 장미꽃 한 송이! 우리 31년, 그 결혼생활! 그 은은한 향기에, 나는 오늘도 그저 황홀합니다! 여보! 남들보다 튼튼한 가지에, 저렇게 탐스런 우리 3남매의 열매가! 어느새 영글어, 가장 달콤하게 익어 갑니다! 이 은총(恩寵), 두 손 모아! 여보! 눈부신 햇빛, 당신께 감사드립니다! 우리 이렇게 행복하게 살다가, 어느 날! 저 푸른 하늘로, 가장 맑고 깨끗하게 사라지는 그날! 우리 두 사람, 봄마다 그 새파란 잔디로 속삭이는! 그런 한 쌍의, 다정한 무덤으로 다시 태어나! 살아서는, 가보지 못한 그 신혼여행! 두 손 서로 꼭 잡고, 저 푸른 하늘 그 영원한 나라로! 우리 행복하게, 신혼여행 떠납시다! 여보!!

결혼 31주년에, 사랑하는 아내에게 받치는 남편의
–헌시(獻詩)–

●제20시집 〈가장 싸늘한 불꽃〉
시(詩)를 쓰다가
– 그렇게, 죽고 싶어요!

봄비[春雨]처럼 시를 쓰다가, 푸르름처럼 그렇게
싱싱하다가! 마지막엔
들판처럼,
그렇게 풍성하게
죽고
싶어요!
햇빛처럼
시를
쓰다가,
풀잎처럼 가늘게 흔들리다가!
마지막엔, 강한 잡초처럼 그렇게 죽고 싶어요!
바람[風]처럼 시(詩)를 쓰다가,
나무처럼
그렇게
춤추다가!
마지막엔
땔감처럼,
그렇게 활활 타는
불꽃으로
죽고 싶어요! 역사(歷史)처럼
그렇게 치열하게 시를 쓰다가, 영웅(英雄)처럼
고뇌하다가!

마지막엔, 혁명처럼 가장 뜨겁게 죽고 싶어요!!
-나의 시적(詩的) 꿈-

행복이 사는 집
– 다섯 살 외손녀의 웃음소리

깔깔거리는, 다섯 살 외손녀의 웃음소리가!
장미꽃으로, 활짝 피고 있네요!
어느새, 할아버지 할머니가
꿀벌이
되는,
그런 장미꽃으로 활짝 피고
있네요!
방안은
온통, 깔깔거리는
외손녀의
웃음소리!
방안은 온통, 이슬 맺힌 장미꽃 향기(香氣)!
외손녀의
응석도,
투정도! 어느새
그만,
가장 예쁜
꽃병으로, 변하고 있네요!
방안은, 온통
우리 집 행복(幸福)이
하얀 토끼로 막 뛰어다니고….!
깔깔거리는, 외손녀의 웃음소리가! 오늘도

방안 가득, 장미꽃으로 활짝 피고 있네요!!
-우리 외손녀 임성하의 시-

다섯 살 나는 어디에서 왔을까요
― 거창상동(居昌上洞), 어린이집 어린이

나는 다섯 살, 임성하예요! 거창상동, 어린이집
어린이예요! 그런데 이렇게
말 잘하고 노래 잘하는 똑똑한
나는, 어디에서
왔을까요?
그것이
참으로, 저 파란하늘만큼
궁금해요?
우리 엄마는요
내가, 우리
엄마 뱃속에서 왔대요!
그러면 엄마 뱃속은, 똑똑한 어린이 만드는
공장인가요? 나도 만들고
고집쟁이
앙앙이, 우리
동생도 만들고!
그런데, 우리 외할머니도
우리
외할머니
엄마 뱃속에서!
나처럼, 왔을까요? 그러면 우리
외할머니 엄마 뱃속은, 정말

나빠요? 우리 외할머니는, 나처럼! 요 똑똑한
다섯 살

거창상동 어린이집, 어린이가 지금 아니잖아요?!
-우리 외손녀 임성하의 시-

외손녀의 봄
- 노랑나비아저씨

노랑나비아저씨! 저를, 좀 더 저 멀리 데려다 주세요?
오늘은, 저기 저 아지랑이와 함께
신나게 들판에서
놀고
싶어요!
그래야만 춤추는 제 어깨 위에
새싹들이, 제일 먼저
파랗게 찾아올 것 아니에요?
벌써, 제
쫑긋한
두 귀[耳]에는!
얼음장 녹는, 콧노래가 들리네요!
먼데에서, 새싹과 꽃잎들이 막 웃으면서 돌아오는 소리에!
벌써, 제 발바닥엔 날개가 돋아!
저도, 나비가 되고
있네요!
저쪽의
저 파란 하늘아저씨도
제가, 참 예쁜가 봐요?
오늘따라, 저 파란웃음소리가
제 눈[目])에는
더욱

크게 들리거든요!
날마다 바쁜 저 시간아저씨도
오늘은, 제가 제일 귀여운가 봐요? 양지쪽 저 따뜻한

햇살을, 제 앞에다! 가장 많이, 뿌려주고 계시거든요!!
-우리 외손녀 임성하의 시-

하얀 접시와 우리 집 김치
– 참, 맛있게

하얀 접시가, 김치를 손짓으로 불렀습니다!
뾰로통한 김치는, 화가 몹시 매콤하게
나 있었습니다!
이때, 꽃잎 같은
하얀
접시가! 김치의
손을
꼭,
잡아주었습니다!
김치는 하얀 접시가 고마워, 그만 빨간
이빨을 드러내고!
참,
맛있게
활짝 웃었습니다!
그래서
우리 집, 그 하얀
쌀밥 위의 김치는!
항상 저렇게
얼굴이, 예쁘게 빨갛게 상기(上氣)되어
있습니다! 언제 봐도, 우리 집 하얀 접시
위의 김치 맛은!

언제나, 내 외손녀만큼 참 반갑고 상큼합니다!!
-잘 익은 김치 맛 같은, 우리 외손녀 임성하의 시-

우리 아버지
– 쌀밥

하얀 쌀밥은, 꿈이었다! 우리 아버지의,
꿈이었다! 그 매운
고추장 같은
가난이, 우리
집
반찬이었던
그 시절!
지게에 짓눌린, 우리 아버지의 어깨
하나가!
가장 큰, 우리
집
재산이었다!
하얀, 쌀밥은,
통증(痛症)이었다!
골병(骨病) 든, 우리 아버지가! 날마다
어깨에

짊어지고 다니던, 가장 커다란 통증이었다!!
－우리 아버지의 시－

사랑하는 우리아들 우리며느리에게
- 결혼 축시

오늘은 너희 두 사람 앞에, 온 세상이 다시 태어나는 날이구나! 보라! 해[太陽]도, 오늘 아침에는 저렇게 활짝 웃으며 희망차게 떠올랐고! 바람도 오늘따라, 너희 앞에 광활한 저 황금빛 들녘을 데려왔구나! 하늘도, 오늘은 아주 푸르게 박수치는 가장 즐거운 하객(賀客)으로 오셨단다! 엄마아빠는, 지금까지 너희가 참 철없고 어린 것으로만 알았는데! 어느덧 오늘 이렇게 의젓한 어른이 되어, 우리아들 우리며느리가 되었구나! 너희의 해맑은 눈썹 위에, 행복의 새떼가 날아와! 벌써, 아름다운 노래를 부르기 시작하는구나! 누구는, '**결혼이 꿈과의 전쟁**'이라 하더라만? 삶은 꿈과 희망보다, 괴로움이 훨씬 더 많은 법이란다! 환경이 다른 두 사람이 만나, 가장 가까이 살다 보면! 서로의 장점보다는, 서로의 단점이 더 잘 보이는 법이란다! 그래서 부부의 사랑이란, '**단점(短點)**'까지 참으로 좋아서 사랑할 때! 비로소, 한 쌍의 부부가 되는 법이란다! 사랑하는 우리며늘아가야! 사랑하는 우리아들아! 이 아빠와 엄마도 지금 너희처럼 그렇게 가슴 떨리며 나란히 섰을 때가, 꼭 엊그제 같은데! 벌써, 이렇게 온 몸에 주름살 주렁주렁 매달린 어미와 아비가 되고 말았구나! 이것이, 바로 우리의 인생이란다! 시간을, 절대로 아껴쓰라! 이것이 바로, 아빠와 엄마의 부탁이란다! 살다보면, 가끔은 화날 때가 있을 때! 그때 오히려, 짜증과 큰소리 대신에 "**여보, 당신을 사랑해!**"이 용기 있는 말 한마디가! 가정(家庭)의 행복과 평화를 만드는, 가장 달콤한 비밀(秘密)이란다! 우리아들아! 우리며늘아가야! '**건강**'이 우리 집, 가장 큰 재산이란다! 너희에게 물려줄 유산(遺産)임을, 항상 명심해다오!

행복은 만드는〈창조하는〉 것이지, 찾거나 얻어지는 것이 결코 아니란다! 삶의 만족과 삶의 행복을 만드는, 아주 특별한 비법은! 바로 내가 조금만 참고, 내가 조금만 양보하는! 그런 부부의 이해와 사랑 속에, 가장 신비스럽게 꼭꼭 숨어있단다!!

2003 10월 19일 (일) 14시 30분에
-가장 행복한 날에, 엄마아빠가-

◐제21시집 〈3행시〉
사랑의 이야기
– 하느님

사랑은,
사랑하는 그 사람이!

하느님이, 아니면 가짜다!!

-나의 사랑철학-

과학(科學)
- 꿈[夢]

꿈과의
비참(悲慘)한,

싸움이다!!

-나의 과학철학-

한국의 무덤
– 유방(乳房)

젖이 가득 찬
어머니의,

유방(乳房)이다!!

−한국의 미학(美學)−

화장품(化粧品)
- 미소(微笑)

최고의,
화장품은!

바로, 미소(微笑)다!
-화장품에 대한 나의 철학-

◐제22시집 〈파란 풀잎〉

〈서시〉 내 시(詩)의 창조적 질서
― 언어적 관념(觀念)이 아닌

나는 자연을, 내 가족으로
느끼고 있다! 가족처럼
자연을,
사랑할 때!
언어적 관념이 아닌,
감동으로!
자연을,
사랑할 수 있기 때문이다!
이것이, 어느 시(詩)와 다른!

내, 시만의 창조적(創造的) 질서다!!

2004년 6월20일
거창월엽당산방에서
―월엽 류 재 상 씀―.

아침소묘
- 아내[內子]

아침은, 내 아내다!
잠자리,
함께 한!
참으로, 촉촉한 내
아내다!
동쪽 하늘,
내 아내의 눈동자가!
오늘 따라,

너무나 해맑고 크다!!

-내 아내의 시-

계미년(2003) 제야의 종소리
- 요리(料理)

살아 온, 내 삶[生]의 요리(料理)가!
어쩐지?
그
고소한,
깨소금보다! 고춧가루가,
더
많다!
그래서
몹시, 맵다! 그러나, 그 느끼한

조미료는! 꿈에도, 쓰지 않았다!!

-내 삶의 시-

갑신년(2004) 원단(元旦)
– 소망(所望)

새해 원단(元旦)의 소망은, 새[鳥]다!
따뜻한, 양지쪽에
둥지를
틀고!
알을, 낳고 싶다!
풍부한 먹이에, 건강(健康)한 새끼가
제일이다! 나머지는
하늘이,
알아서
할 일이다! 다만
올해는, 깊은 산 속의 저 물소리 같은!
그윽한

그런 친구, 하나쯤 정말 사귀고 싶다!!

-새해, 내 소망의 시-

삶의 여유(餘裕)
– 깨끗한 신앙(信仰)

삶의 여유는, 예술이다!
그림 속의,
여백이다!
듬뿍,
하늘을
묻혀온! 청잣빛, 항아리다!
삶의,
그 여유는!
아직도,
신비(神秘)
속에 살고 있는! 눈부신

나의 깨끗한, 신앙(信仰)이다!!

－내 삶의 신앙－

죽음 속의 나의 하루
– 참, 바쁘다

맑고, 깨끗한 저 하늘[天]로
세수하고, 목욕하고!
맑은
하늘, 그 물로!
또,
빨래하고!
밥도
짓고,
청소(淸掃)하고……!
죽음 속, 그 나의 하루가,
이렇게나! 정말,

눈코 뜰 새 없이! 참, 바쁘다!!

–죽음 속 내 하루, 그 상상의 시–

아내의 눈빛
– 감칠맛

아내의 눈빛은, 여전히
감칠맛이다!
신혼 때!
보글보글, 끓이던!
사랑에,
간맞추던
그대로! 오늘도, 아내의
눈빛은! 그때

그대로, 그 감칠맛이다!!

-내 아내의 시-

아침 밥상
− 꽃잎

당신의, 고 예쁜 손이
나비다!
사뿐히
꽃잎에
날아 앉는, 나비다!
당신이
차린,
오늘
아침 밥상은! 나비가

날아온, 그 꽃잎이다!!
−아내가 차린, 아침 밥상−

또 다른 생각
- 꽃

내[我]가 아는 사람들은, 전부가
꽃[花]이다!
이렇게
또
다른,
아름다운
생각으로 세상을 살면! 내
가족과
우리
이웃과,
우리
친구들은 물론!
세상 사람들 모두가, 날마다, 꽃에

날아드는! 그 예쁜, 나비[蝶]들이다!!
-내가, 세상 살아가는 법(法)-

●제23시집 〈촌철살인(1행시)〉
과학은

미래의, 가장 황홀한 재앙(災殃)이다!!
                          -나의 과학철학-

가장 위대한 교사(敎師)는(1)

영원히, 어머니다!!
-나의 교육철학-

돈은(8)

반드시, 사람을! 제 놈의 노예로, 만든다!!

-돈[金]에 대한, 나의 철학-

◐제24시집 〈시는 행복해요〉

내가 태어나기 이전(以前)의 노래
– 무(無)였어요

우리 아버지 우리 어머니 이 두 분이 만나기, 이전(以前)의 나는! 즐거운, 무(無)였어요! 내 날개는, 상쾌한 아침공기였고요! 내 눈빛은, 눈부신 저 겨울 설경(雪景)이었어요! 우리 아버지 우리 어머니 이 두 분이 만나기, 이전의 나는! 참 행복한, 무(無)였어요! 내 목소리는, 들녘의 저 끝없는 초록빛이었고요! 내 발걸음은, 훨훨 나는 저 나비였어요! 모든 꽃들은, 내 예쁜 이빨이었고요! 저 화창한 봄날은, 나의 화려한 옷이었어요! 가을에 고개 숙인 저 벼이삭은, 가장 깊이 사색(思索)하는 내 생각이었고요! 우리 아버지 우리 어머니 이 두 분이 만나기, 이전의 나는! 가장 만족한, 자유였어요! 새소리도 물소리도, 내 마음대로 될 수 있었고요! 저 푸른 하늘도, 내가 가장 즐겁게 뛰놀았던 내 놀이터였거든요!!

–내가 태어나기 이전(以前)의 시–

첫손자가 태어나는 날
– 새 생명의 연주(演奏)

그 있잖아요! 갓 태어난 아기의 발가락에서, 꼼지락거리는 새 생명의 연주(演奏)를 들어보셨나요? 이 세상에서, 그 이상 설레는 음악이 또 있을까요? 아기의 하얀 발가락 꼼지락거리는 그 소리는, 새봄에 돌아오는 저 새싹들의 숨소리보다 더 보드랍고 황홀해요! 이럴 때, 벌써 양지쪽 봄볕을 따라온! 강가의 버들강아지들의 저 파릇한 콧노래가, 오늘따라 더욱 향기롭네요! 우리 손자 꼼지락거리는, 그 작은 발가락 하나 때문에! 이 세상이, 온통 꽃피는 가장 황홀한 극락세계(極樂世界)로 다시 태어나네요! 봄을 데리고 오시는, 저쪽의 산들바람의 그 향긋한 휘파람소리가! 오늘따라, 그 얼마나 아름답게 들리나요? 행복이 바로, 갓난아기의 발가락 끝에서 찾아온다는 사실을 나는 처음 알았어요! 저 높은 하늘의 그 눈부신 파란 미소(微笑)가, 꼼지락거리는 우리 첫손자의 발가락을 처음 씻어주는 오늘! 고 꼼지락거리는 우리 아기의 발가락을 연주하시는, 신(神)의 그 찬란한 손놀림을! 나는, 첫손자[長孫]가 태어나는 날! 첫손자의 그 고고성(呱呱聲) 첫울음 속에서, 가장 선명하게 보았어요!!

2004년 3월 26일
행복한 할아버지와 할머니가
-우리 첫손자, 호빈(浩彬)이의 탄생에 붙이는 축하 시(詩)-

이[齒] 빠진 파란 접시의 노래
– 어쩌다, 시인(詩人)을 만나서

귀엽다! 앞니 빠진, 내 외손녀(外孫女)처럼 귀엽다!
깨진, 그 못난 흠(欠)이!
오히려, 더 귀엽고
밝은
표정(表情)이 되어!
내 앞에서
천사처럼,
활짝 웃는다! 못 쓸 만큼 멀리
내다버린, 이[齒] 빠진 네 그 순진한 표정에도!
짜고 매운, 그 독한 반찬들이!
그 얼마나
오랜
세월동안, 수없이
많이
담겼겠느냐? 오늘은
운명(運命)처럼, 네 곁을
지나는 시인(詩人)을 만나! 못쓰고 버린 네가, 다시
태어나!

가장 귀엽고, 예쁜! 앞니 빠진, 내 외손녀가 되는구나!!
  －앞니 빠진, 예쁜 우리 외손녀 임성하의 시－

어느 노교사(老教師)의 신앙
– 정년(停年)을 1년 앞 둔

그는, 신앙인(信仰人)이시다! 호젓한, 마음속에 아담한 절(寺)을 짓고! 순진무구한 저 학생들을, 부처님으로 모시고 사는 신앙인이시다! 36년을 학교에서, 수도(修道) 중이다! 이제 정년(停年)을 겨우 1년 앞 둔, 머리에 하얗게! 눈[雪] 내리는, 그런 아름다운 노 교사 노스님이시다! 경전(經傳)같은 출석부를 손에 모시고, 교실 앞에서 묵상하고 합장하는 그 오랜 습관! 저 해맑은 교실에 모셔 논, 어린 부처님들께 깨끗이 마련한 수업공양! 그의 나직한 목소리는, 오늘도 온 교실에 울려 퍼지는! 그 청아하고 은은한, 목탁(木鐸)소리다! 요즘은, 오직 학생들이 잘 진열된 상품(商品)이거나! 아니면, 돈으로 보이는 마지막 가장 무섭고 숨 가쁜 세상! 눈망울이 초롱초롱한 어린 부처님들 앞에, 합장하는 노 교사 노승님! 오늘도, 엄숙하고 경건한 수도승(修道僧)이시다! 창문 너머 보이는 저쪽 푸른 하늘도! 참으로, 흡족한 표정이다! 문틈으로 스며드는 쌀쌀한, 그 찬바람도! 마냥, 미소(微笑) 짓고 흐뭇하다!!

　　　－부족했던 내 교직 생활을 깊이 반성하며, 상상으로 써본 시－

결혼 34주년(20060113)
– 참 행복한 노년(老年)

행복이, 아침 일찍! 가장 먼저 달려와, 인사 한다!
그리고 아들딸, 며느리 사위 순서다!
손자손녀의
축하 꽃다발이
예쁘게
달려와,
아주 참 상큼하게 노래하고!
날씨도, 오늘따라
더욱 하늘
파랗게 웃는다! 햇살도 바람도,
어제보다 더 따뜻하다! 그 동안 살아온, 지난 세월이!
어항 속에 헤엄치는, 아름다운
금붕어다!
오늘은, 흐르는
세월이 연주하는! 아내의, 주름살
그 가야금소리가
더 은은하다!
내 삶도
이제, 곱게 익어!
향기가, 더욱 그윽하다! 앞으로는, 우리
손자손녀들이 자랑하는 그 귀여운 재롱에! 그저
한없이 웃는 일만, 남았다!

건강(健康)은, 이미 하늘에 편안히 다 맡겨놓았다!!
결혼 34주년에 아내 양정숙 여사에게 받치는
-남편의 헌시(獻詩)-

나의 진실한 고백
– 아주 작은 기적(奇蹟)

나는! 아주 작은, 기적(奇跡)이다! 중학교 1학년 때까지, 한글도 제대로 읽을 줄 몰랐던 나는! 2016년 현재, 벌써 시집이 40권〈시 4,000편 이상 창작〉이 넘는다! 대학 4년 동안 문학에 홀리듯 꿈꾸듯, 그렇게 수석으로 졸업한 나는! 하느님이 주신, 아주 작은 기적이다! 나는! 아직도 갈 길이 아득히 먼, 참으로 부끄러운 시인(詩人)이다! 그러나, 나는! 그 동안, 하늘과도 사귀었고! 죽음을 낳아 기르는, 저 무서운 시간과도! 한동안, 애인처럼 참으로 뜨거운 사이었다! 내가! 죽어, 아주 까마득한 미래에 다시 나 자신으로 돌아올! 저 빗방울과도, 지금 사귀는 중이다! 가까이 벗하고 싶은 그 황홀한, 수없는 길(道)들도 참 많지만? 아직도 저쪽의 슬픈 뻐꾸기 울음만큼이나, 내 갈 길이 아주 멀고도 아련하다! 눈부신 가을들판의 고개 숙인, 저 황금빛 벼이삭들도! 너무나 존경스러운, 내 친구들이다! 그러나, 나는! 저 말썽꾸러기, 회오리바람처럼! 그렇게 변덕스러운, 그런 자유의 시인(詩人)이! 오직, 되고 싶을 뿐이다!!

–나의 고백 시–

가난한, 류재상 시인(詩人)의 노래
– 미소(微笑)

가난이, 시인의 내복(內服)까지! 그림의
여백(餘白)처럼, 뜯어먹고!
입술에
피가,
묻는다!
아직 이른 봄,
흐르는 내 콧등의 눈물이! 멀리 있는
제 친구들을,
어느새,
불러 와
우리 집 담장 밑엔!
내 눈물만큼, 짭쪼롬한 제비꽃 몇 개가!
벌써, 가장 반갑게! 나를, "아저씨~"

하고! 그 보랏빛, 목소리로 부르고 있다!!

–가난한, 류재상 시인의 노래–

◐제25시집 〈가장 촉촉한 침묵〉

가장 촉촉한 침묵
― 하늘의 언어

침묵(沈默)은, 하늘[天]의 언어예요! 햇빛으로 읽다가,
또 빗방울로 읽다가!
끝내는
죽음으로,
읽고
쓰는
그런 언어(言語)예요!
우리 곁에
막 꽃피는, 저 놀라운 감탄사(感歎詞)와! 갑자기 왈칵,
눈물 솟는
그런 문법(文法)이에요!
예수가
와서,
어렵게
한 번
번역(飜譯)하다가!
석가(釋迦)가 또 한 번, 심각하게 해석(解釋)하다가!
그만, 두려워 접어둔!

우리의 삶에서, 가장 신비(神秘)한 저 하늘의 언어예요!!
―가장 신비한 침묵, 그 언어의 비밀―

가장 촉촉한 침묵
- 아름다운, 장미꽃의 언어

냇가의 저 작은 돌멩이들을, 제 친구로 만들고 싶어요!
"썩는 냄새가, 오히려 가장
향기로운 이 시대에!" 과연 그것이,
가능할까요?
그래도
하늘의
저 파란눈웃음을,
저는
날마다 믿어요! 갈증 같은
이 간절한 제 소망(所望)이, 오직 말[詩] 속에만 있는
꿈일지라도? 저는, 괜찮아요!
또는,
아직 피지 않는
저를
생각하며
만들어낸!
가장 슬픈, 그런 거짓말일지라도?
좋아요! 오늘도 종교 같은
그 믿음으로, 냇가의 저 작은 돌멩이들을! 제 친구로
만들겠다는, 이 행복한 꿈이!

언제쯤? 활짝 핀, 장미꽃 제 향기가 될 수 있을까요?!
-나의 시적철학(詩的哲學)-

◐제26시집 〈행복을 팔아요〉

장롱(欌籠) 속에 있는 작은 빼다지(서랍) 하나
– 때 묻지 않는, 가장 엄밀한 부분

꼭 닫힌 문을 살짝 열면 그 곳에, 때 묻지 않은
가장 엄밀한 부분! 여인의 그 깊은
속살 같이,
숨어 있는
작은 빼다지(서랍) 하나! 장롱이 간직한
고결한, 순결! 가슴
두근거리며
열어본, 가장 그 깊숙한 부분!
손가락
파르르, 떨려오는
그곳에! 내 아들 첫돌 때 끼었던, 참으로 앙증맞은
작은 금반지 하나!
사랑하는
내 아들이, 제 어미 뱃속에서
나왔다는
확실한 증거(證據)!
그 옆에 또 하나, 마른 탯줄 넣은 하얀
작은
주머니 하나!
오늘 새롭게 발견(發見)한, 우리
집에 또 하나 빛나는 보석! 내 아내의, 가슴 속에!

어느덧, 꿀맛 같이 벅차오르는 그 달콤한 행복(幸福)!!
-우리 집 가장 귀한 보석(寶石)-

우리 장손(長孫), 호빈(浩彬)의 첫돌
– 행복한 웃음의 바다

호빈(浩彬)이! 그 자랑스러운, 우리 집 큰손자! 그 밝은 태양이 갑자기 떠올라! 오늘이, 꼭 1년째 되는 날이다! 한없이 방실대는 그 포근한 햇살에, 우리 집 담 밑에 쌓인 눈(雪)도 다 녹아! 벌써 온 집안이, 아지랑이 한창 뛰노는 봄날이다! 우리 집 마당 이곳저곳에서, 파릇파릇 벌써 행복의 새싹이 돋아! 지금 한창, 푸르다! 날마다 깜짝깜짝 놀라는, 호빈이의 그 재롱에! 온 집안이 막 출렁대는, 행복한 웃음의 바다다! 자식 기르는 재미에, 제 아비 어미도 흠뻑 빠져! 오늘도, 어느새 또 하루가 저물다! 우리의 삶에서, 자식보다 손자(孫子)가 안겨주는! 그 황홀(恍惚)한, 충격은! 할아버지 할머니가 되는, 또 하나의 놀라운 인생의 기적(奇蹟)이다!!

2005년 3월 26일
우리 장손, 호빈(浩彬)이의 첫돌에!
–할아버지 할머니가–.

물빛 파란, 내 밥그릇
– 하늘같은 정성(精誠)

엉덩이, 뜨거운 쌀밥! 그 칭얼거리는, 투정 다
받아주면서! 호호 웃으면서
살아온, 그 긴 세월!
아직도 이빨 하나 빠진데
없는,
앳된
젊음 그대로!
나를
유혹하는
물빛 파란, 작은 밥그릇 하나!
지금까지, 흠집 많은 내 생애(生涯)를! 날마다
가득 가득 담아 온, 하늘같은
정성(精誠)!
오늘도
밤늦은, 귀갓길!
만날
때마다,
정화수(井華水) 담아두었던
그 지극정성으로!
빨간 고추장눈썹, 살짝
그리고! 그래도, 내가 반갑다고 쪼르르 달려와!
하루 종일 때 묻은, 내 입술에! 그만,

쪽~ 하고! 입맞춤하는, 물빛 파란 작은 내 밥그릇!!
-물빛파란 내 밥그릇의 시-

●제27시집 〈가장 황홀한 죽음〉
〈서시〉 황홀한 죽음

우주(宇宙)는 모두가, 순환관계(循環關係)로 이어져 있다!
삶과 죽음도, 역시 순환관계일 뿐이다!
즉 존재의 양식이
다를 뿐,
동일 공간 안에 공존(共存)하고 있다!
둥근 공이
지금
돌고 있는, 현상이다!
매우, 전통적인 인식이다! 아주 익숙한, 종교관(宗敎觀)이다!
다만, 삶은 불안전한
순간적
현실이요!
죽음은, 안전하고 영원한 현실이다!
이 시집은
이런 생각을, 시(詩)로
형상화했다! 죽음은 또 다른 생명으로
돌아오는, 새로운 절차일 뿐이다! 결코 슬픔이 아니라
영원한, 기쁨이다!

끝이 아니라, 또 다른 시작(始作)이다! 그래서, 황홀하다!!

2007년 3월 20일
거창월엽당 '시인의 집' 에서
월엽 류 재 상 씀.

저는 걸레로 태어날래요
– 사람 같으면 가장 위대한 성인(聖人)

깨끗함은 걸레의 희생이에요
걸레를 더러워 하지 마세요
사람 같으면 가장 위대한 성인이에요
걸레 같은 놈이라 욕한다면
오히려
당신이 가장 더러워져요
깨끗함을 강조한 놈 치고
깨끗함 놈이
어디 한 놈이라도 있던가요
이것은
하늘도 분명히 아는 사실이에요
사람의 아랫도리에
이상한 비눗기냄새 안 나는 사람이
또 그 누가 있나요
그렇게 좀 깨끗한 척 하지 마세요
흐르는 저 맑은 물소리가 아니라면
그 더러움은 전부 똑같아요
누구라도 먼저 손에 걸레만 쥐면
바로 하늘을 나는 천사예요

저는 그런 걸레로 다시 태어날래요

−이 작품은, 전연 수정하지 않은 원문(原文)그대로−
*〈류재상 시(詩), 연구자를 위해서〉

◐제29시집 『가장 황홀한 원』
또 하나 4월 풍경(風景)
– 소꿉놀이

새싹과 참새가, 저녁놀 질 때까지 소꿉을 산다!
4월, 그 꽃피는 앞치마 입고
파릇파릇
짹짹짹
여보!
당신! 하면서, 소꿉을 산다!
저쪽
하늘
쟁반에
동그랗게 놓인, 따뜻한
봄바람 한 접시! 그 옆에 복숭아 진달래꽃
그 예쁜, 찻잔 두 개!
행복한,
새싹과
참새
부부(夫婦)! 아침부터, 봄비
낳아
아주
촉촉하게 기르고! 하루 종일
파릇파릇 짹짹짹 여보! 당신! 하면서, 오늘도
저녁놀 질 때까지!

흐르는 시간도, 한 옆으로 구겨놓고 소꿉을 산다!!
-내가 참 사랑하는, 내 시-

가장 황홀한 원(圓)
- 시작과 끝이 교미(交尾)하면

끝과 시작이 교미(交尾)하면, 원(圓)이다!
황홀한, 원이다! 삶은, 전부가
원이다!
우리
모두는 원으로 태어나, 원으로 죽는다!
가을의 낙엽도
새싹을 물고, 원으로
떨어지듯!
세상은
모두가
돌고 도는, 원이다!
창문 너머, 하얀 겨울이! 벌써 봄을 안고
파랗게, 원으로 돈다!
슬픔도
결국,
기쁨과
한창 교미하는 원이다!
저 멀리 불행이
행복(幸福)을 업고, 두둥실 원으로 돈다!
웃음과
눈물도
살아있는, 가장 달콤한 원이다!

저쪽에 손잡고 가는, 할아버지와 손자도!
돌고 있는, 동그란 원(圓)이다!

시작과 끝이, 교미하면 가장 황홀한 원이다!!
제29시집 〈가장 황홀한 원〉의 표제시
-모든 존재의 그 근원(根源)-

나의 시(詩)
– 만약에, 신(神)이 계신다면?

사랑하는, 모국어(母國語)를! 새털처럼
가지고, 놀았고!
자연과
인생을
찰흙처럼,
마음껏
주물러 보았다! 만약에,
신(神)이,
계신다면?
칭찬
대신에,
내가 가장 좋아하는
저 푸른 하늘을! 내 주머니가, 철철

흘러넘치도록! 가득가득, 채워주실 것이다!!
–내 시(詩)에 대한, 나의 시(詩)–

가장 행복했던 그 어린 시절
– 내 자가용(自家用)

까만, 고무신 한 켤레가 내 자가용이었던 어린
시절! 마을길, 웽 웽 신나게 달리다보면!
지는 해, 손 흔들며 "안녕!"이라 인사해도
몰랐다!
까만, 내 자가용을
가장 많이
탄
친구는!
폴폴 먼지
가장 귀엽게 휘날리던, 그 흙이었고!
가끔은 슬퍼 울고 싶은, 죽은 눈 큰 잠자리의
영혼도! 예쁜, 꽃잎 위에 태워주었다!
바람도 내
까만,
그
자가용이
타고 싶어! 내
옷자락을
자꾸만 흔들 때에는, 괜히 내 어깨가
참 우쭐했었다! 그 따뜻한 겨울 햇살
가득 싣고, 코 흘리며 마을길 신나게 달릴
때에는! 언제나 까만,

내 자가용은! 반짝반짝, 빛나는 눈부신 빈차였다!!
-내 어린 시절, 그 추억의 시-

외로운 오솔길
– 초등학교 그 어린 시절

초등학교, 그 어린 시절 추억(追憶) 하나가! 까만, 고무신
한 짝만 신고! 지금도, 가끔씩 나를 '형(兄)'이라
부르며
찾아오고 있다!
그 허름한, 시골 중국집 앞에서!
침 흘리며
괜히,
머뭇거렸던! 초등학교,
그 어린
시절(時節)! 그 맛있는, 중국집
냄새가! 얼마나? 폴폴, 예쁜 나비로 날아왔는지 모른다!
차마, 떨어지지 않는 발걸음으로! 그 코흘리개 초등학교
어린[幼] 꼬마는, 슬픈 눈물처럼
집으로
돌아오면! 날 기다린 건,
국밥 속에
바위 같은! 커다란, 고구마 하나!
그래도, 아버지가
무서워!
키보다 큰 꼴망태 메고, 꼴 베로 가던! 그 외로운,
작은 오솔길! 지금도, 가끔씩 고향에 가면! 그 오솔길
아직도,

나를 반갑게! '형'이라 부르며, 저쪽에서 막 달려오고 있다!!
　　　　　　-어린 시절 내 추억의 시-

구름놀이
– 시인(詩人)의 소년 시절

외로운 소년은, 늘 하늘의 구름[雲]하고 놀았다!
밭에서, 돌아온 어머니의
짙은 땀 냄새 속에!
몇 개의
감자와,
옥수수가
보일 때까지! 소년은,
늘 하늘[天]의 구름하고 놀았다! 아버지 어깨
위에, 허옇게 묻어 있는
우리 집
가난과!
어머니의
옷자락에, 눈물처럼
박혀있는 그 땀 냄새가
싫어! 소년(少年)은, 하늘의 저 흰 구름하고!
산 너머

저 먼 곳으로, 눈물과 함께 자주 떠나곤 했었다!!
-외롭던 내 소년시절의 시-

늙은 시인(詩人)
– 성직자(聖職者)

고요와 적막으로, 날마다 하얀 밥을 짓는다!
어쩌다? 바람[風]이, '아버지!' 하고,
휙~
그렇게
지나치면!
그것도
자식이라고,
달콤한 고독을 반(半)으로
뚝 잘라! 행복하게, 나누어 먹는다! 가끔씩
저 푸른 하늘, 그 친구와!
그 독한
영감(靈感)을,
한
잔(盞)씩
나누다가!
몹시, 흠뻑 취하면! 백지(白紙)보다
더 깨끗하게 무릎 꿇고, 언어의 신(神) 앞에!
그만

가장 몽롱한, 성직자(聖職者) 시인(詩人)이 된다!!
-늙은 시인의 내 모습-

늙은 느티나무, 그 외로운 풍경
– 90노모(老母)

90노모(老母)! 늙은 느티나무, 우리 어머니!
뼈와 살까지, 8남매 자식들에게 다 넘겨준
쓸쓸한 풍경(風景)!
새 한 마리
날아와, 짹짹거리지
않는!
저 빈
들녘의, 그 자욱한 아침안개! 그 앞에서
자꾸만 가물거리는, 자식들의 모습! 동구
밖까지
길게
그림자 이끌고, 오늘도
기다림에
지친! 늙은, 느티나무
한 그루! 노년(老年)에 홀로 서 있는, 우리
어머니의 그 풍경! 등 굽은, 그 지팡이 끝에
날개 달고! 오늘도

하얗게, 하늘로 날아가는 늙은 느티나무 한 그루!!

-90고령의 우리 어머니의 시-

◐제30시집 〈정말 감사합니다〉

하늘나라 우리 아버지께
— 비밀(秘密)

아버지! 그동안, 안녕(安寧)하셨어요? 아침마다 저 맑은 하늘[天]을
보니, 하늘[天國]에 가 계시는 우리 아버지 참 행복해 보였어요!
하늘나라가, 그렇게 좋으세요?
그쪽 먹을거리는, 햇빛과
바람[風]과 구름[雲]이라지요? 햇빛으로 밥을
짓고, 바람으로
국을 끓이고! 구름으로
반찬을, 만든다지요? 이쪽 세상은, 아버지가
살아 계실 때! 웃음이
행복을 업고,
그렇게 마음껏 두둥실 뛰어다니던
그런 촉촉한
세상이
아니예요! 어느새 그 무서운
미라(mummy)가 사는, 그런 세상이 돼버렸거든요!
만약 이쪽으로 아버지가 오셔도, 아마 저를 알아보지 못할걸요?
저도 이미 마음이 유령(幽靈) 같은, 그런 메마른
미라가 그만 돼버렸거든요!
아버지!
꿈속에서
들으니, 이쪽의 우리 어머니 두고
그쪽에서 벌써

275

다시 결혼하셨다고요?
참, 잘 하셨어요! 이쪽 어머니한테는, 절대
말하지 않을게요! 아버지!
저도, 벌써
백발(白髮)이! 아침마다 하늘에 하얗게
설탕처럼 녹는, 그런 나이예요! 세월, 참 빠르지요?
아버지! 우리 어머니 그쪽으로
가시는 날, 만나 보시겠어요? "만나고는
싶지만, 글쎄 하늘나라가 너무나 넓어서 잘 모르겠다고요……?"
알았어요! 하여튼, 하늘나라 새 어머님한테는 이건 꼭 비밀이에요!

아버지, 오늘 아들[龍我]하고 아버지 산소에 벌초(伐草)하고 왔어요!!
―돌아가신 우리 아버지의 시―

하늘에 계신 *외할머니께
- 내 그리움은, 아직도 나이를 먹지 않았는데

하늘나라에 계시는, 외할머니 안녕하세요? 오늘도, 80노인
늙은 내 눈물을 쓰다듬고 계시는
우리 외할머니!
내 그리움은, 아직도
나이를
먹지 않았습니다!
외할머니
졸졸,
따라다니던
그 어린 시절 그대로! 하나도, 나이를 먹지 않았습니다!
우리 외할머니, 저 먼 하늘나라로 가신지도 벌써 60년!
뼈와 살과
그
그윽한
눈빛도! 다 물소리와
바람소리로
넘겨준, 긴 세월(歲月)!
내 눈물은 늙어
어느새, 하얀 노인인데! 아직도 내
그리움은, 오늘도 초등학교 작은 책가방 메고! 장날처럼,

저 먼 하늘나라에 간! 우리, 외할머니를 기다리고 있습니다!!

*우리 외할머니: 아버지 어머니가 같은 마을에서 결혼하여 외할머니와 같이 살았음. 그리고 우리 외할머니는 아들이 없었기 때문에, 외손자인 나를 친손자처럼 사랑하며 길러주었음을 밝혀둠.

-돌아가신 우리 외할머니의 시-

90고령(高齡) 우리 어머니께
– 어머니와의, 인연(因緣) 이전(以前)의 저[我]는

우리 어머니와의, 인연(因緣) 이전(以前)에는! 저는, 가장
아름다운 사춘기 소녀가 느꼈던 그 한없는 설렘이었고!
한 소녀가, 그리움으로 보았던
그 눈부신 파란하늘이었으며! 그 소녀가, 들었던
그 아름다운
새소리였고!
그 소녀가, 그렇게 가슴 두근거렸던
봄바람이었고!
그렇게
졸졸거렸던,
저
맑은 물소리였으며! 그 소녀(少女)가, 먹었던
그 맛있는 상추쌈이었거나! 아니면, 그 소녀가 그렇게
먹고 싶었던 소고기나 돼지고기였습니다! 한창 꽃 피는
어느 봄 날, 우리 아버지 만나! 그렇게 가슴
뛰던
설렘임과
부끄러움이,
그만 저를
가장 귀한 생명으로 창조하셨습니다!
어머니!
우리

아버지와 만난
그 첫날밤이, 늘 생각나시지요? 15세 처녀가
주신, 그 불같은 사랑이! 바로
제 살과 제 뼈가 되어, 이렇게 80평생을 넉넉하게 삽니다!
때로는 불효하고, 때로는 실망시켜 정말 죄송합니다! 제가
저지른, 불효(不孝)가!

제 자식들 앞에서, 부모의 소중함을 깨닫는 약(藥)이 되었습니다!!
-90고령 우리 어머니의 시-

고향(1)
– 아름다운 비밀(秘密)

그리운, 고향(故鄕)이여! 당신의 체취(體臭)는, 아직도 소똥
냄샙니다! 세월이 갈수록, 그리운
향깁니다!
내 나이 열네 살, 그 어느 날
소먹이다가!
우연히
비[雨]에,
흠뻑
젖은 옷 속에! 꽃잎같이 부푼
순(順)이의 그 향긋한, 젖가슴을 봤습니다! 그때 지나가던
소나기도, 같이 봤습니다! 옆에
작은
소나무와,
맑은
물소리도
함께 있었습니다! 노래하던
여치와,
눈 큰 잠자리 그 바보들은! 아직도,
이 사실을 잘 모릅니다! 우리의, 그 아름다운 비밀(秘密)은!
60년 동안, 고향 하늘에 숨겨두었습니다!

그리운, 당신의 그 소똥 냄새에! 아주. 꼭꼭 숨겨두었습니다!!

  −고향에 숨겨둔, 아름다운 내 비밀−

고향(5)
– 당신의 아름다운 모습

그리운, 고향이여! 당신의 아름다운 모습을, 그려봅니다!
봄이 오는 4월이면
동구(洞口)
밖
그 흐드러진
벚꽃으로, 당신은 늘 나에게 활짝
웃어
주었습니다!
웃을 때 보이시던
당신의 향긋한
그
이빨은,
언제나 윙윙거리는
꿀벌이었습니다! 먼데서 은은히 들려오는 뻐꾸기울음
그 촉촉한, 당신의
긴
속눈썹!
그리운, 고향이여!
언제나, 어머니처럼
웃어주시던
당신의 눈 밑 그 잔잔한 잔주름!
다랑이 논

그 잘
포개진,
논두렁! 감[柿]이 주렁주렁
익어가는 당신의 그 빨간 입술 아래, 예쁜 사마귀 하나!

오늘도, 지팡이 짚고 나서는 *본동댁(本洞宅) 우리 어머니!!
*본동댁 우리 어머니: 같은 마을에서 우리 아버지와 결혼하셨기에, 택호가 본동댁임.
-고향에 계시는 우리 어머니의 시-

고향(7)
– 돌아가신지, 60년이 훨씬 넘어도

그리운, 고향이여! 당신의 파란 하늘 그 넓은 이마에서
신나게 콧노래 부르던, 그 흰 구름들!
오늘도 눈감으면, 또 내 눈 속에
둥둥 떠옵니다!
우리
외할머니
웃으실 때, 눈가로 몰려오던
그 굵은
주름살!
내 그리움 속에서, 날마다 더 또렷해지고!
눈 큰 잠자리 떼 먼 추억에서 날아와, 내 손가락 끝에
사뿐히 앉으면! 앞 냇가에 놀던, 그 작은
피라미 떼!
아직도
아가미
뻐끔뻐끔, 지느러미 살랑살랑
옛날
그대로!
지금도
나를, 자꾸만 부르고 있습니다!
우리 외할머니 날 부르시던, 그 큰 목소리!
돌아가신지, 60년이 훨씬 넘어도! 오늘도, 우리 집 대문

활짝 열고!

"아이고, 우리 강아지, 내가 왔다!" 이렇게 찾아옵니다!!

-돌아가신 우리 외할머니의 시-

고향(9)
– 배고팠던, 우리 8남매(男妹)

그리운, 고향이여! 당신의 이야기는, 늘 우리 8남매
얼굴로 옵니다! 밥상 앞에 쪼르르
둘러앉은
배고픈,
우리 8남매 얼굴로 옵니다!
빈 숟가락 입에 물고
보리밥
한
그릇도
서로 눈치 보며, 침 흘리던
그 옛날이야기! 아직도 살아있는, 우리 집
배고픈 전설! 그리운, 고향이여!
당신은,
다
알지요!
저 하늘도, 아직 그때를
파랗게 기억하고 있겠지요?
올해도
저 건너
작은 들판 하나가, 벼이삭 차랑차랑
잘 익어! 벌써부터 입안에, 하얀 밥풀 톡톡 튀도록!
우리 집

그 배고팠던, 옛날이야기! 어느새, 노랗게 시작했네요!!
-가난으로 살아온, 우리 가족의 시-

고향(10)
– 우리 아버지

그리운, 고향이여! 작은 산골 마을, 당신의 품안에서!
다랑이 논 그 천수답(天水畓)
겨우
서너 마지기, 그 가난
무겁게 등에 지고! 우리 8남매
그 높은, 고갯길에서!
작은
주전자 속 흔들리는
막걸리처럼, 날마다
그렇게
출렁거리던
우리 아버지! 하늘도
뒤흔들었던, 그 거친 숨소리! 오늘도 눈감으면
저쪽에서, 산더미같이
무거운
우리 집
그 가난! 헐떡거리는
숨소리 위에, 허옇게
짊어지고
오시는 우리 아버지!
진한 소똥냄새, 그 소고삐 움켜쥐고!
아버지 거친 숨소리

기다리던,
어린 소년이! 벌써, 80고개에
앉아! 우리 아버지 멀리 가 계시는, 저쪽 하늘 그곳을!

가고 싶은 내 고향, 그리운 당신처럼 아득히 바라봅니다!!
-그리운, 우리 아버지의 시-

◐제31시집 〈삶의 여백〉

백년을 안의초등학교에 다니는, 다섯 친구 느티나무
- 안의초등학교 개교(開校) 100년사 발간 축시〈권두시〉(본교 43회 졸업생)

졸업생(卒業生) 여러분, 안녕하세요! 이렇게 모두들 만나서, 정말 반가워요! 우리는 이렇게 100년을 늙어도, 아직도 필통(筆筒)소리 요란하게! 푸른 잎 그 파란 책가방 메고, 날마다 신나게 학교 다니는 초등학교 1학년에요! 동쪽, 저 등 굽은 우리 느티나무 한번 보세요! 엊그제 흰 구름 소리 내어 읽어오라는, 어려운 숙제 때문에! 오늘은 눈부신 저 파란하늘, 우리 담임선생님께 살짝 눈 흘겨보네요! 남쪽, 플라타너스 조 하얗게 늙은 세 친구(親舊)들 좀 보세요! 저쪽 텅 빈 허공(虛空)에, 6.25때 버리고 간 탱크와, 남쪽 운동장에 홀로 살던 노란 감나무 하나를! 아련한 그리움으로 그리다가, "참 잘 그렸다"는 올봄 꽃피는 봄바람! 그 예쁜 여선생님의 칭찬 한마디에, 그만 오늘은 하루 종일 즐거운 어깨춤이 가지마다 막 주렁주렁 열리네요! 우리는 이렇게 어른들 세 아름씩이나 되는, 그 무거운 나이테 등에 지고도! 아직도 마냥 입술 달콤하게 떠들어대는, 100년을 하루같이! 안의초등학교에 다니는, 개구쟁이 1학년 친구들이에요! 이제는 눈물 콧물이, 막 우리들 얼굴에 뒤범벅이 되어도 좋아요! 우리들 앞가슴에는, 언제나 봄비 머금은 뭉게구름 그 하얀 희망의 손수건이 달려있으니까요!!

-안의초등학교 개교 100년사 발간 권두시-

덕유산에 오르는 날
– 첫날밤, 신부(新婦)

오늘 나는, 저 단풍(丹楓)과 햇볕과 하늘과 함께
덕유산에 오른다!
우리 넷은
어깨에, 시원한
바람
그
커다란
배낭을
메고! 흐르는 땀방울이
신나게, 갈 길을 자꾸만 배낭(背囊) 속에 구겨
넣는다! 여기저기에서,
잠깐
쉬어가라는!
물소리
새소리의,
그
황홀한
유혹(誘惑)에도!
우리는, 구름에 싸인 저 향적봉을! 오늘은, 결코

가장 아름다운! 첫날밤, 신부(新婦)로 만들고 말겠다!!
–덕유산에 오르는 날의 시–

삶의 여백(餘白)
– 그림[畵] 같은 양념

삶의 하얀 여백(餘白)을 데리고, 느린 걸음으로!
나는 오늘도, 낙엽 지는
숲속
오솔길을 혼자 걷는다!
발밑에서 제법
아삭아삭
씹히는,
낙엽 밟는 늦가을
맛이! 파란하늘, 그 감칠맛과 잘 섞일 무렵!
누가, 이런 상큼한
맛을!
참으로
가득, 군침 돌게
행복의 맛이라 했던가?
숲속
낙엽 지는, 오솔길에서!
오늘처럼, 이렇게 여유 있는 삶의 하얀 여백은!
우리의 인생을

가장 맛있게 요리하는, 그림[畵] 같은 양념이다!!

-제31시집 〈삶의 여백〉의 표제시
– 내 삶의 여유 –

진실하나
– 내가, 80평생 살아온 동안

내가, 80평생 살아온 동안! 가장 위대하게 남긴
업적(業績)은, 지금 내 손자손녀들이 모여!
온 집안이
날아갈 듯
깔깔대는,
저 행복한 웃음소리 하나뿐이다!
나머지는
젊을 때,
아랫도리 그렇게 뜨거웠던 돈!
그녀와는, 입술 한번 가까이 한 적이 없었고!
속눈썹 긴 가난이, 늘 아내의
한숨보다
더 아름다웠다!
권력(權力)은 나하고는 거리가
멀어, 그쪽은
아예
있는지도
몰랐다! 지나온
명예는, 늙을수록 너무 야비하고 부끄러웠다!
내 생애의 전 재산(財産)은, 오직 저 푸른 하늘이!
평생(平生)

내 친구였다는, 이 빈털터리 저 허공 하나뿐이다!!

-시인(詩人)으로 살아온, 내 삶의 시-

류재상 묘비
– 영원한 사랑

고 작은 먼지 한 알까지, 사랑했던!
5,000편이 넘는, 그 많은,
내 시(詩)와
함께!
이렇게 가장 황홀한
무(無)의,
나라에 와!
내가 살았을 때, 그렇게 날마다
꿈처럼 사랑했던! 내 아내, *海里*
양정숙을!
다시,
하늘에서 만나! 저쪽,
저 허공의
주례(主禮)로! 우리는 지금,
살았을 때 그때와 똑 같이! 다시,
결혼해! 이제, 꿀이 영원히

흐르는! 가장, 달콤한 신혼(新婚)이다!!
  2009.7.7.(음5.9).15:03〈내가 세상에 태어난 시각〉, 65세 노인이 되는,
  그 첫 생일날에
  류재상 양정숙 씀.
  사랑하는 내 아들 용아 · 내 딸 선아 · 지아에게
  아빠, 엄마가 가장 행복하고 황홀하게 이 묘비를 썼단다.

죽은 다음에도 꼭 아빠, 엄마가 살았을 때처럼 함께 있게 하라.
*여기에 있는 글자를 단, 한자도 빼놓지 말고 그대로 내 묘비에 쓰라.
이를테면 쓴 날짜, 시간, 아들딸 이름, 괄호 모두다.
-내 묘비에 쓸 시-

●제32시집 〈우리 모두가 혼자 꿈꾸는 존재〉

내 아들, 용아에게
– 아비가 너에게 줄 것은

사랑하는, 내 아들아! 아비가 너에게 줄 것은
바람에 먼지처럼 휘날리는, 하얀
그 가난뿐이다!
다른 사람들은, 땅 사주고
집 사주고
주식(株式) 주고
한다지만!
못난 아비가 가진
것은, 평생 버리지 못한! 때 묻은 이 더러운
정직(正直)과, 걸핏하면 흐르는 이 마음 약한
눈물뿐이다! 정말
미안하다!
이 시대 가장
슬프고
가난한, 시인의 아들아!
내가 너에게
줄 마지막, 유산(遺産)은! 오직
한평생, 그분의 그리움으로! 가슴 설레며 읽고
또,

읽었던! 저 파란 하늘, 그 책(冊) 한 권뿐이다!!

–우리 아들, 용아에게 주는 시–

고독(孤獨)한 시인
– 숙명(宿命)

내 고독 그녀는, 내가 가장 사랑[愛]하는 연인(戀人)!
그녀의 그 긴 속눈썹은
밤새도록,
졸졸거리는
저 맑은
물소리!
죽음보다
고요히 나 혼자 있는,
시간! 내 고독 그녀가 아랫배 볼록하게, 내 시(詩)를
임신하는 만삭(滿朔)의
시각(時刻)!
오늘도
밤하늘은
저렇게
구름 한 점
없는, 환한 달빛[月光]
그 손짓으로! 자꾸만 나를, 창(窓)밖으로 유혹하지만!
나는 결코, 내 고독(孤獨)!

그녀의, 곁을 떠날 수 없는! 숙명(宿命)의, 시인(詩人)!!

-시인의 숙명(宿命)-

열여섯 살 우리 외손녀의 봄
– 행복한 임성하(林成河)의 노래

내 외손녀의 발걸음에, 오늘도 즐거운
휘파람이 잔뜩 묻어있다!
예쁜 입술가로
까르르
뛰쳐나와,
저절로
놀고 있는! 저 경쾌한
아침햇살 같은, 웃음소리! 봄바람도, 꽃잎
묻은 예쁜 손으로! 아주
반갑게,
악수를
청하고!
발바닥에, 금방
사춘기(思春期) 그 황금빛
날개 돋은 내 외손녀! 한창 꽃피는
계절에, 나비보다!

더 행복하게, 세상을 훨훨 날고 있다!!

－우리 외손녀 임성하의 시－

●제33시집 〈참 새콤한 시〉

약(藥)

우리 외손녀(外孫女)는, 언제부턴가 아침마다 가장 향긋한
꿈을 알약으로 먹습니다! 내 곁에 있는 아내는
자고나면, 날마다 달콤한 희망을 알약으로 먹습니다!
사춘기
우리 외손녀는
알 수 없는
미래가
두려워 날마다, 파란 꿈을 약(藥)으로 먹고!
아픈
아내는
내일이
두려워
날마다, 빨간 희망(希望)을 약으로 먹습니다!
바로 내 앞에서 막 큰소리치는, 도시의 그 소음(騷音)과
희뿌옇게 몸부림치는 저 아침공기가 무서워!
나는
주말마다
새소리
물소리
그 새파란, 알약을 산에서 처방받고 있습니다!
벌써 젊은
아지랑이가,

한창

발정(發情)하는

봄[春]입니다! 4월의 저 텅 빈 허공도, 목련꽃 그 하얀

알약과 개나리 그 노란 알약을! 재빨리 저 커다란

입안에, 한 움큼 툭 털어 넣습니다! 아마? 뜨거운, 여름으로

늙고 병(病)들기가! 벌써부터, 몹시 두렵고 겁이 나나봅니다!!
　　　　　－사춘기(思春期), 우리 외손녀의 그 향긋한 꿈－

우리 결혼 45주년 연주회
– 주름살악기(樂器)

아직도 그 은은히 물소리 들리는, 당신의 눈썹에는!
45년 전(前), 그 황홀했던
사랑의
새떼가
오늘도
날아 앉아
아름답게 지저귑니다!
아침마다 금빛 햇살이 묻어나던, 당신의 찬란한
그 눈빛과 입술이! 이제는, 익을 대로 익어 가장
향긋한 과일입니다!
세월이
우리를,
저 먼
안락(安樂)의
세계로 데리고 갈 때까지!
현(弦)이 쳐진, 우리의 주름살악기를! 더욱 팽팽히
잡아당겨, 남은 여생(餘生)을!

보다 행복하게, 당신과 내가 함께 연주(演奏)해 갑시다!!
우리 결혼 45주년 아침에
사랑하는 아내 양정숙 여사에게 받치는 헌시(獻詩)
-2017.1.13 남편, 류 재 상 올림-

내 행복의 노래
– 오늘은, 한번 톡 깨물어 볼래요

하도 만지작만지작, 늘 혼자 주머니에 넣고 다녀서!
어느새 말랑말랑해진, 내 행복(幸福)을!
오늘은, 한번
톡 깨물어
볼래요?
아마
지금쯤
그 속에는, 아주 빨갛게 익은
저 가을 홍시(紅柿) 같은! 그런 단물이, 가득 고여
있겠지? 오로지, 모든 존재의
깊은
내면에는,
반드시
가장 소중한
핵(核)이
있듯이! 내 행복 속에도, 달콤한 과육에
싸인 씨가 하나쯤 숨어있겠지? 나는 오늘, 그것을
찾아! 내 아내의,

미소(微笑) 속에! 아무도 몰래, 한번 살짝 심어볼래요!!
　　　　　－아무도 몰래 살짝 숨겨 논, 내 행복의 시－

살아있는, 내 기쁨에게
– 아침에 눈 뜨면

아침에 눈을 뜨면, 세상은 또 어제처럼 다 내 소유입니다!
저 눈부신 하늘도, 저 초록빛 산들도!
내 눈[目] 속에
잘
차려진,
가장 맛있는 아침 밥상입니다!
이것이 바로
살아있는,
기쁨입니다!
밤사이에 또 그 얼마나
많은 사람들이, 죽어갔겠습니까? 지금, 이 순간(瞬間)에도!
지진(地震)이나 전쟁(戰爭), 불의의 사고로! 또 그 얼마나
많은 사람들이, 죽어가고
있겠습니까?
지금, 옆에서
꽤나 잔소리하는
아내나! 괜히, 짜증내는 어린
손자가!
알고
보면 얼마나
귀중한, 내 행운입니까! 멀리서 들리는
새소리와 물소리, 그리고 손에 잡히는 이 아름다운 꽃잎과

햇살까지! 오늘은

이렇게 살아있는, 내 기쁨에게 다 선물(膳物)로 드리겠습니다!!
-살아있는, 내 기쁨에게 주는 시-

또 한 해가 저물어 간다
– 올 한 해를, 또 예쁜 내 외손녀처럼 데리고

또! 어느덧 올 한 해[年]가, 저물어 갈 무렵! 거리의
그 스산한 바람과 눈보라가
하얗게 늙은
겨울[冬]을 데리고,
아주
멀리 떠나고
있습니다!
어머니의 탯줄을 쥐고
나온, 고사리 같았던 고 귀여웠던 내 작은 손(手)이!
번쩍하는 순간, 어느새
물고기가
다 빠져나가는
낡은
그물이 되었습니다!
참으로, 산다는
게 무엇인지? 세월(歲月)은
왜, 그리도 빨리 달리는지? 저물어가는, 올 한 해를!
또 예쁜 내 외손녀처럼, 데리고! 나도

그만, 이 추운 겨울처럼 그렇게 하얗게 늙어갑니다!!

－한 해를 보내는, 송년(送年)의 시－

20200113(결혼 48주년)
- 두 얼굴에

당신과 나 사이에 흐르는, 세월(歲月)이
물소리다! 거울[鏡]같이
맑게 흐르는,
물소리다!
오늘
아침, 물속의
그 하늘이 흔들리지 않도록! 가만가만히
물속을, 본다!
물결
그 주름살
잔잔히
일렁이는, 두 얼굴에!
살찐 잉어 세 마리, 신나게 놀고 있다!
글쎄! 벌써, 요놈들이 어느새! 아주

건강한, 새끼 여섯 마리를 낳아 기르고 있다!!

2020년 1월 13일 아침에,
사랑하는 아내, 해리(海里) 양정숙(梁正淑) 여사에게 바치는
-헌시(獻詩)-

내 외손녀의 행복한 귀(耳)
- 봄[春]이 오는 소리

벌써, 하얀 목련꽃으로 활짝 핀! 내 외손녀의
양쪽, 귀(耳)! 저쪽, 양지쪽 햇살에
묻어나는!
개나리
진달래,
그 깔깔거리는
웃음소리! 어제보다, 점점 더 가까이 들린다!
중학교 3학년,
내
외손녀(外孫女)!
괜히,
가슴 설레는
봄소식에!
아침마다, 거울[鏡] 앞에 앉은
예쁜 내 외손녀! 오늘은, 어제 보다 더 달콤한

얼굴에! 아름다운 꿈으로, 살짝 눈썹을 그려본다!!

-우리 외손녀 임성하의 시-

사랑하는 우리 둘째 딸 지아(芝娥)
- 1973년 11월 18일 저녁 8시 30분에

오늘이, 2015년 11월 18일이다! 꼭 42년 전(前)
1973년 11월 18일, 바로 오늘
저녁 8시30분에!
펑펑
쏟아지는
그 하얀
첫눈의
축복 속에 태어난, 내 딸 지아야!
네가 지금껏 엄마아빠
곁에
함께 있는 걸, 오늘도 하늘에
감사하며! 물 묻은 그 작은 손으로, 딸가닥딸가닥
부엌에서 설거지하는 네 모습이!
금방
하늘에서 내려온, 천사
같구나! 그러나 엄마아빠는, 너를
볼 때마다
늘 죄지은
죄인(罪人) 같아
날마다
미안하다!
우리 곁에, 손자 손녀의

웃음꽃이 활짝 핀! 향기로운 꽃밭이 있어야 할
곳에, 우리 딸 혼자! 건강한

행복을 낳아, 오늘도 아주 예쁘게 잘 기르고 있구나!!
-사랑하는, 우리 둘째 딸 지아의 시-

자랑스러운 대학생이 된 우리 외손녀
- 2016년 2월 28일. 아침 5시 40분에

2016년 2월 28일(일), 오늘 아침 5시 40분에 우리 외손녀
임성하(林成河)가! 거창(居昌)에서, 서울에 간다! 기저귀
차고 빵긋빵긋 할머니 할아버지를
한없이 행복하게
했던, 우리 외손녀(外孫女)가!
벌써,
대학생이 되어서! 제 애비 차타고
제 어미랑 오늘
서울에, 간다!
북악산
그 아름다운 산(山) 밑
국민대학교 조형대학
공간디자인학과에 입학하기 위해, 오늘
그렇게 꿈꾸던 대학에 간다! 온 대지에, 새 생명을 데리고
오시는 봄비[春雨] 촉촉이 내리는 날! 봄바람 날개 달고
그 설레는 가슴에, 꿈과 희망 가득 싣고!
지금 가장 행복한
제 애비어미랑, 서울에
간다!
사랑하는,
내 외손녀야! 올봄
북악산에 가거들랑, 할아버지가

젊을 때
그토록 사랑했던 옛 애인!
활짝 핀 그 진달래
만나거든, 내가 바로
월엽 류재상 시인의 외손녀라고
한바탕 막 자지러지게 자랑하거라! 언제라도, 그 아름다운
북악산에 들리거든! 할아버지 옛 친구들, 짹짹거리는 그 작은
산새들 만나! 우리 할아버지는, 지금도 아주 건강하게!

옛날처럼, 시를 열심히 쓰고 계신다고 그렇게 꼭 안부 전해다오!!

2016.2.28 09:01에 할아버지가 씀.

-대학생이 된, 우리 외손녀 임성하의 시-

●제34시집 〈가장 아름다운 초월〉

가장 아름다운 초월
– 작품.1

가을[秋]은, 파란하늘 맛이에요! 참으로, 시원하고
상큼해요! 저는, 그런 가을로
태어날래요!
달콤하게 내민 저 과일들의
그
동그란
손들이, 참 예뻐요!
하느님의
은총(恩寵)이 저 과일들의
손안에, 가득가득 넘치도록 쥐어져 있네요!
햇빛이 한창 일하는, 들판에서! 벌써 바람도
노랗게 익어, 살짝 건드리면
금방이라도!
단물이 톡 하고
그만,
터질 것만
같네요! 저는, 그런 상큼한
가을로 다시
태어날래요! 지금 막 행복하게
저쪽에서, 빨갛게 달려오는! 저 잘 익은, 과일들이
죽으면!

영원(永遠)히, 가장 달콤한 제 친구들이라서 그래요!!
-영원한 나의 모습-

가장 아름다운 초월
– 작품.33

불쾌지수와 무더위를, 시원하게 팔고 있네요! 저는, 그런
여름 매미소리로 태어날래요! 몹시 더러워진 세상을
가장 큰 목소리로, 아주 깨끗이
닦고 앉아!
지금 팔팔
끓고 있는, 그 뜨거운
여름을!
저 파란
하늘찻잔에, 쪼르르 따르고 있네요!
저쪽에
또 다른 한
무더기의
시원한, 매미소리가! 허옇게
안개 낀 허공과, 저 희뿌옇게 먼지 낀 들녘을
맑게 닦아! 강 건너 초록빛 저쪽으로 작은 멧새 한 마리
날고 있는, 그 붓으로! 지금 여름풍경[夏景]을
아주 시원하게, 그리고 있네요!
저는,
그런 여름
매미소리로
다시 태어날래요! 세상이 제아무리
불쾌지수로

무덥고,
짜증난다 하더라도!
그래도
이곳[이승]은,
제 아내의 그 웃음소리가 날마다
함박꽃처럼 활짝 피었었고! 사랑하는, 제 아들딸들이
한없이 아장거렸던! 그 감동의 작은 발걸음들이 수없이
찍혀있어, 죽어도! 영원히,

그 아름다운, 추억을! 큰소리로, 노래하고 싶어서 그래요!!
－죽어도 가족을 사랑하는 나의 마음－

가장 아름다운 초월
– 작품.65

저 맑고 푸른 하늘[天]에 앉아 낚시하는, 하얀 노인(老人) 한 분!
저는, 그런 시간(時間)으로
태어날래요! 길고 긴, 우리네 주름살
그
낚싯줄
끝에! 지금 막 입질하는
가장
싱싱한,
죽음[死] 한 마리! 온몸이
짜릿하게 떨려오는, 그 손맛! 저 먼 하늘에서, 오늘도 지상(地上)에
막 팔딱거리는! 그 많은
죽음을
부지런히
낚아 올리는, 하얀 노인
한 분!
저는,
그런 멋진 시간으로 다시 태어날래요!
이쪽의 어린이가, 어느새
저쪽의 하얀 노인으로 굴러가는! 그 동그란, 노리개 하나! 죽어도,

예쁜 그 노리개를! 영원히, 저 혼자만 가지고 놀고 싶어서 그래요!!
–영원한 나의 욕심–

가장 아름다운 초월
- 작품101

제가, 끝내 못다
읽고!
넘기던
책장
그대로, 접어
둔
그 책(册)이!
바로,
저 하늘이에요!

하느님, 아버지!!

                －내 삶의 그 마지막 시－

◐가장 사랑하고 존경했던 은사님의 시(詩)

미당(未堂) 서정주(徐廷柱)(1)
– 하얀 동정, 그 옥색 한복(韓服)

은사님, 안녕하세요! 하얀 동정, 그 옥색(玉色) 한복
지금도 입고 계시지요? 하늘나라에 사시니, 은사님
발바닥엔 언제나 향긋한 하늘이
파랗게
묻어나시겠네요!
시간이
살지
않는
은사님나라에는
가장 아름답게 죽은, 옛 신라도
지금 눈부신 금빛나라로 살아있겠네요? 은사님이
그렇게 사랑했던, 신라 선덕여왕
그녀! 여전히 젊고
희망에
넘쳐,
아직도
지상(地上)의 그
아름다운
꿈을 버리지 못하고 계시지요?
"삼국유사(三國遺事)는, 역사로 쓴 시(詩)야!" 이렇게
말씀하실 때, 그 신선(神仙) 같은 은사님의 그 황홀한
표정이! 오늘도

저 아득한, 그리움 너머! 학(鶴)으로, 훨훨 날아옵니다!!

미당(未堂) 서정주(徐廷柱)(2)
– 개나리 노랗게, 지천으로 물든 어느 봄날에

대학시절(大學時節), 은사님 가방을 늘 들고 다니던
제자 류재상입니다! 개나리 막 지천으로
노랗게
물든, 어느 봄날 오후! 서울 미아리
옛 서라벌예술대학, 그 비탈길에서!
작은 손수레에
팔던 멍게,
손수 사시어!
삐거덕삐거덕 소리 나던
그 초라한 선술집에서, 막걸리 하얗게 드시던 그때!
오른쪽 바지, 한 잔 한 잔
다섯 번
무릎까지
걷어 올리시고!
"이제, 내 주량(酒量) 다 됐네!" 이렇게
허위허위 미아리 그 시내버스 정류장으로
가시던,
그 정갈한 뒷모습! "이 사람아, 지금 마포
우리 집에 가면! 밥솥 안에, 내 똥[糞]으로 쓴 가장
향기로운 내 시(詩)가!

오늘도, 목이 빠지게 나를 기다리고 있다!" 하였습니다!!

미당(未堂) 서정주(徐廷柱)(3)
– 「감하나」 그 첫 원고를 들고

1977년 5월, 그 눈부신 신록(新綠)의 초여름!
시집 「감하나」 그 첫 원고(原稿)를 들고,
가슴 두근거리며!
서울 사당동, 사당초등학교 뒤편
예술인마을에
계시던!
은사님을,
처음
찾을 때! 은사님 안방
사과상자 위에, 누런 미군담요 하나 덮은 씌운
초라한 책상(冊床) 하나!
내
작품을
몇 편
보시더니,
"자네, 애 늙은 할애비군!" 이렇게
나를 다시 한 번
그 날카로운 눈빛으로, 쭉 훑어보신 다음!
"인생을 극한점에서, 참 많이 가지고 놀았군!"
이렇게, 내 시집(詩集)

그 첫날밤, 처녀막이! 그만, 빨갛게 터졌습니다!!

미당(未堂) 서정주(徐廷柱)(4)
– 초등학교 여선생님의 그 예쁜 눈썹

은사(恩師)님! 초등학교, 그 여(女)선생님이 그리워
동천(冬天)에 삐쳐나는 새[鳥]로! 그 여선생님의
예쁜,
눈썹을 그렸습니까?
동백꽃을
보러
가시던 날,
그 아름다운 동백꽃은
어느새 다 지고! 구슬픈 주모(酒母)의 육자배기로
흘러가는, 참으로 덧없는 우리의 그 하얀 인생을
보셨습니까? 은사님의
8할을
키우신
그 바람이,
지금은 온 천지의
꽃잎을
가장 황홀하게 키우는 4월입니다! 웃으실 때
보이던, 은사(恩師)님의 그 하얀 이빨이! 오늘도

아련한, 그리움 속에 흰 구름으로 둥둥 떠옵니다!!

미당(未堂) 서정주(徐廷柱)(5)

학창시절, 우리 옛 서라벌예술대학 문예창작과
학생들은! '시창작(詩創作)'
시간이면,
은사님을
모시고! 학교 교실보다
근처
다방(茶房)에서,
더 많은
수업을 했습니다! 수업분위기가
한창 고조되어, 비로소 절정(絶頂)에 이르면!
은사님은, 그리운 당신의 초등학교
여선생님의
그 예쁜 눈썹을
타고!
삼국유사(三國遺事) 그
머나먼,
신라(新羅)의
하늘까지! 훨~훨~ 하얀
학(鶴)으로 날아갔다가, 가장 황홀(恍惚)하게
다시 돌아오곤 했습니다!

우리는, 이렇게 은사님께 시(詩)를 배웠습니다!!

*미당(未堂) 서정주:(1915-2000) 호는 미당(未堂). 전북 고창 출생.
1936년 동아일보 신춘문예로 등단. 서라벌예술대학 문예창작과 교수 역임.
〈본 시인의 대학 은사님〉
-은사님의 시-

김구용(金丘庸)(1)
– 눈빛은 늘 이글거리는 아침 태양

은사님! 본명(本名)보다, *구용(丘庸)을 더 사랑하셨지요!
깡마른 체구에, 눈빛은 늘 이글거리는
아침 태양이었습니다!
오랜 선방(禪房) 끝에
선(禪)으로
인생을
티끌 하나 없이, 깨끗이 쓸고 앉으신 선생님!
추사(秋史)
김정희의
글씨를,
문(門) 앞에 걸어 두시고!
찾아오는 제자(弟子)들에게, 늘 그 글씨를 자랑하셨지요!
힘차게 달려가는, 저 산들의 능선처럼 살아 꿈틀거리고!
윙윙, 세상을 뒤흔드는
바람소리
들리고!
제주도(濟州道)
앞바다의, 그 거친 파도(波濤)가 친다며!
사람이
아닌,
바로 자연(自然)의
글씨라고 하였습니다!

이 사람들아, "나는 한학(漢學)과 결혼했네!"
이러하실 때, 우리 제자들은 정말 여자와는 결혼하지
않을 줄 알았습니다! 그런데, 그 아드님이

아마? 지금쯤! 지천명(知天命)도, 훨씬 더 넘었을 거예요!!

김구용(金丘庸)(2)
– 그 학(鶴) 같은 모습

1977년 그 싱그러운 5월 중순(中旬), 하늘과 신록(新綠)이
유리알 같이 맑은 공기를 낳아! 한창
기르고, 있을 때!
서울 미아리 고개 오른쪽 언덕 위
지금의 성신여대
아랫마을,
한옥(韓屋)이 안개처럼 자욱했던!
성북구 동서문동,
은사님의
그 아담한 한옥을
찾았을 때!
사랑채에서, 하얀 한복 입으시고
반갑게 제자(弟子)를 맞지 해 주시던 그 학(鶴) 같은
모습! 오늘도, 제 첫 시집 '감하나'의 글씨 위에 날고
있습니다! 한학자(漢學者)이신
은사님의
시간, 옛 서라벌
예술대학 문예창작과
'시실기(詩實技)'
시간에는! 동양의 이백(李白)이나
두보(杜甫)보다
서양(西洋)의

T. S 엘리엇과 폴 발레리, 그리고
마리아 릴케를
우리는 더 많이 배우고 공부했습니다!
은사님은, 저 기름진 서양문학의 자양(滋養)을 가져와!

연약한, 우리 문학을 세계문학으로 우뚝 키우려했습니다!

*김구용(金丘庸)(3)
– 은사님의 시집(詩集), 「詩」를 받아들고

1976년 화창한 10월 어느 날, 가을이 익어 나무마다
빨갛게 단내 막 풍길 무렵! 은사님이
보내주신
아주 통통하게 살찐
은사님의 시집(詩集), 「詩」를 받아들고!
제 감사(感謝)가
그때 처음으로, 가장
뜨거운
눈물을
출산(出産)했습니다!
'류재상 대아(大雅) 혜존' 이라 쓰신, 친필에!
구(丘)와 용(庸)의 음각과 양각의 아주 작은
빨간 낙관(落款)을
찍어,
정성껏
보내 주신 그 사랑!
아직도 제 가슴에
촉촉이 봄비[春雨] 내리는, 하늘입니다!
지고지순한
동양의 '무(無)와 공(空)'을
서양의
문학형식에 담아내려는 긴 산문시와

추상어의 그 놀라운 실험은, 은사님이 찾아내신!
오천년 우리

한국문학사의, 가장 황홀한 새로운 지평(地坪)이였습니다!

*김구용:(1922-2001). 본명은 영탁(永卓), 경북 상주 생. 성균관대학교 국문과 졸업. 1949년 『신천지』에 시「산중야」「백탑송」등으로 등단. 시집으로는 『詩』『구곡』등이 있고, 번역서로는 『채근담』『옥루몽』『열국지』등이 있으며, 그밖에 많은 번역서와 저서, 그리고 특히 새로운 긴 산문시(散文詩)로 이 나라 시문학사(詩文學史)에 길이 남을 위대한 시인. 서라벌예술대학 문예창작과 교수 역임.

〈본 시인의 대학 은사님〉
-은사님의 시-

◐내 시(詩)의 정신적 스승

우리의 슬픈 영웅 *김만중(金萬重)
– 태아(胎兒)

아저씨! 저는 남해(南海)의 슬픈 영웅, 김만중(金萬重)이에요!
지금 우리 어머니[母]의 가장 깊숙한
아랫배,
그 출렁거리는 양수(羊水)
속에서! 아주, 신나게
헤엄치고
있어요!
우리 아버지
어머니의 사랑으로
없음[無]의 세계에서, 지금 있음[有]의 세계로 막 달려오는
핏덩이에요! 아직은, 우리 어머니 뱃속에서! 마냥 어릿광대
이름[名] 없는, 빨간
핏덩이에요!
아저씨!
이런
핏덩이에게도,
핏줄[血管]이 찾아오고!
눈과, 귀가 찾아오고! 코와
입이, 찾아오고!
손가락 발가락은 물론, 이제는 콩닥콩닥
심장도 찾아와! 날마다, 저 혼자 참 즐겁게 놀고 있네요!
하느님아저씨!

저도, 드디어! 그 머나먼, 한 인간의 세계에 곧 도달하겠지요!!

우리의 슬픈 영웅 김만중(金萬重)
– 탄생(誕生)

하느님아저씨! 저도, 이제 세상 밖으로 나갈 준비가
다 됐어요! 천지를 뒤흔드는 우리 어머니의
그 진통(陣痛)이, 세상 밖으로
나가는
제
첫걸음이에요! 출렁거리는
양수(羊水)
속에서
마지막, 꿈틀거리는 탯줄을
부여잡고! 기름기 자르르 흐르는, 고고성(呱呱聲)을
준비하고 있어요! 어서 빨리
우리
어머니
아버지가, 보고 싶어요!
어머니!
그동안
제 강한 발길질에, 너무나
힘들었지요? 제 눈이, 번쩍 열리는 순간!
하늘과 땅이, 제 눈[目] 속으로 쪼르르 미끄러져
달려올 거예요! 그러면, 저도

그 한(恨)많은! 한 인간으로, 드디어 태어나는 거지요!!

우리의 슬픈 영웅 김만중(金萬重)
– 유년(幼年)

하느님아저씨! 왜, 우리 친구들의 아버지는 다 계시는데!
저만, 아버지가 없나요? 베 짜는 어머니한테
물어보면, 그만 주르르 흐르는
눈물로만
늘 대답하고 말았어요!
어쩌다
우리
형(兄)한테
슬쩍 물어보면, 제 큰 눈 속에 박힌
그 하늘만! 오래도록 가만히, 들여다보고 있었어요!
하느님아저씨! 어떻게 하면, 우리
아버지를
만날
수 있나요?
저는, 아버지가 그리울
땐! 꼭,
책을 읽었어요! 어머니 베 짜는
그 소리보다 더 크게, 책(册)을 읽었어요!
12살 무렵, 어느 날 밤! 혼자 책을 읽다가, 그만 깜빡 조는
사이! 꿈속에서 처음으로, 우리

아버지의 그 따뜻한 등에! 가장 황홀하게, 한번 업혀봤어요!!

우리의 슬픈 영웅 김만중(金萬重)
– 우리 어머니

하느님아저씨! 세상에 가장 위대한 스승이, 바로 어머니란 걸 잘 아시죠? 우리 어머니는 가난하여, 때론 밥은 굶겨도!, 절대로 책은, 굶기지 않았어요!
회초리
대신에, 가을[秋]에 잘 익은 저 과일 같은
단맛으로! 우리를
꾸중하시고,
나무라셨어요!
하늘과 땅이, 형과 저에게는 늘
가장
소중한 책(册)이었어요!
우리 어머니는, 베틀에 앉아서도! 우리에게 하늘을, 읽어주시고! 땅을, 읽어주시고! 그리고 뜰에 있는 감나무와 대추나무도, 아주 달콤하게 읽어주셨어요!
바람의
저 자유(自由)를 읽어주시다가는,
가끔씩
눈가에
눈물도 보였어요!
아마 그때는, 시대가 너무나 맵고 독했나
봐요?
형과 저를 위해, 시간을

가장 맛있게 요리하는! 그 요리법(料理法)도, 알려주셨어요!
우리 어머니는 형(兄)과 저[我]를, 저 부잣집 아이들처럼 그렇게
과외(課外)로 공부를 시키는!

그런, 연약(軟弱)한 아이로는! 절대(絕對)로, 기르기 싫었나 봐요?!

우리의 슬픈 영웅 김만중(金萬重)
– 혈기(血氣)

하느님아저씨! 혈기(血氣)란, 젊을 때! 누가 더 정직한지
하늘과 한판, 붙어보는 것
아닌가요?
이 웃기는, 요즘세상
한 바퀴
빙
둘러보세요?
참으로
더러운 놈일수록 얼마나
눈부시게, 우아하고 깨끗한 척 하나요? 권력(權力)이란
아주 아득한, 그 옛날부터
지금까지!
세상은, 언제나
늘
그래왔어요!
하느님아저씨!
저는, 그런
권력(權力)과 목숨 걸고!
정말 정직하게, 한번 싸워보고 싶어요! 나라님 앞에서
절대로, 부끄럽지 않게

살겠다고! 이미, 어머니하고 약속(約束)했기 때문이에요!!

우리의 슬픈 영웅 김만중(金萬重)
― 유배(流配)

하느님아저씨! 결국, 제 정직(正直)과 권력이 한바탕
그 무서운 전쟁(戰爭)을 치르고 마는군요!
제 정직이, 그만 권력(權力)
앞에
비참히 무릎 꿇던 날!
깨진
쪽박 같은
제 목숨하나,
달랑
허리춤에 차고! 죽음보다, 더 아득한
남해(南海)! 아무도 없는, 무인도 노도(櫓島)로 왔어요!
바람과 외로움, 갈매기울음뿐인 그
무섭고
긴 하루하루!
그래도
오늘은
8월 대보름이라, 모처럼
달빛이
어머니의 그리움을
제 가슴 가득히 실어다 주고는! 밤마다
뒤척이던, 어머니께 드릴 제 간절한 이야기 하나를!
오늘밤에는, 끝내! 저 환한

달빛이, 아주 * '동그란 원(圓)'으로 순산(順産)하게 하네요!!
*김만중의 소설 '구운몽(九雲夢)'의 이야기〈화려한 꿈의 세계에서 다시 현실의 세계로 되돌아옴〉

우리의 슬픈 영웅 김만중(金萬重)
– 병(病)

아저씨! 끼룩끼룩 오늘도, 저 슬픈 갈매기울음소리로!
또 굶주린, 제 배를 채워야겠네요!
간밤에, 제 기침소리는! 어제보다
더 아름다운
빨간
꽃밭을, 밤새도록 만들어
놓았는데! 제 몸은 왜 이렇게 어제보다
더
무거워, 자리에서
일어날
수가 없나요? 저쪽 바닷가 따개비와
조개들이 절 부르는 소리가, 자꾸만 귀에 들리는데!
얕은 바다 속에서, 저렇게 너울대는
미역들이!
어서 빨리 오라고
저렇게
반가운, 손짓을 하는데! 왜, 저는 이렇게
일어날 수가 없나요?
간밤
꿈속에 어머니와
형(兄)이 다녀갔는데, 활짝 웃으며
다녀갔는데! 하느님아저씨! 왜,

오늘은 어제보다 제 몸이 이렇게 더 무겁나요? 오직 하나밖에 없는 제 친구, 저 착한

낚싯대는! 오늘도, 왜 저렇게 쿨쿨 잠만 자고 있나요?!

우리의 슬픈 영웅 김만중(金萬重)
– 꿈같은 우리네 인생

아저씨! 지금도 눈만 감으면, 필통소리 요란하게!
초등학교 운동장(運動場)을, 막 달리던 그 어린
꼬마가! 거울 앞으로
오는 그 짧은 동안, 벌써 하얀
노인이네요!
하느님아저씨!
이것이
바로
우리의
인생이 달리는, 그 속도라지요?
시간(時間)은, 누구에게나 똑같이 주어지는데!
글쎄, 왜 저 혼자만 이렇게 한없이 허무한가요?
제 얼굴에서, 신나게 헤엄치는!
살찐
이
통통한,
예쁜 주름살들이!
언제쯤,
어항(魚缸) 속의 저 아름다운
금붕어로 변할까요?
"인생은, 순간(瞬間)의 꿈이라는!" 우리의
슬픈 영웅이 만든, 그 **'동그란 이야기'** 가! 오늘도

저쪽 산 너머, 구름 속에서! 푸른 생명의

봄비로, 가장 촉촉하게 또르르 굴러오고 있네요!!

*서포 김만중(西浦 金萬重) : (1637-1692) 홍문관대제학 등을 지냄. 조선 숙종 때 문신(文臣), 소설가. 소설 『구운몽(九雲夢)』『사씨남정기(謝氏南征記)』가 있음. 경남 남해(南海) 노도(櫓島), 그곳 유배지에서 돌아감.
 -내 문학 및 내 정신적 스승-

※ 나와 우리 가족의 시와 두 은사님과 정신적 스승의 시와 함께, '여보! 당신만을 사랑해요'의 시와 평론(평설)
 -정리 · 편집: 월엽(月葉)-

月葉 류재상(柳在相) 시인의 연보

◉ 출생 및 가족
· 아호: 月葉
· 1944년 7월 7일(음5월 9일 오후 4시경 탄생), 경남 함양군 안의면 봉산리 석반부락(새주소:봉산길 53)에서 아버지 **류동열(柳東烈)**과 어머니 **박문숙(朴文淑)**의 8남매 중 장남(長男)으로 태어나다.(문화 류가 대승공파 33세손)
· 1972년 1월 13일, 장인 **양동석(梁東錫)**과 장모 **신용순(愼用順)**의 장녀인 **양정숙(梁正淑)**과 결혼하여, 큰딸 **선아(仙娥)**와 작은딸 **지아(芝娥)** 그리고 아들 **용아(龍我)** 3남매를 두다.
· 큰딸 **선아**와 사위 **임재충(林在沖)**과의 사이에 외손녀 **성하(成河)** · **성희(成熹)** 외손자 **성우(成雨)**가 있고, 작은딸 **지아(芝娥)**(1973년 11월 18일생)는 아버지 문학 작업을 돕고 뒷바라지 하느라, 그만 결혼도 깜빡 잊어버린 채 내 문학의 '가장 위대한 동반자(同伴者)'. 아들 **용아**〈의학박사·성형외과전문의·병원장〉와 며느리 **명소영(明素英)**〈첼리스트(Cellist)〉과의 사이에 친손 **호빈(浩彬)** · **호연(浩然)** · **호준(浩俊)** 3형제가 있다.

◉ 학력 및 등단
· 1951년에서 1963년까지 안의 초·중·고등학교를 졸업하다.
· 1970년 2월 26일 서라벌예술대학 문학부 문예창작과 4년간 수석으로 졸업하다.
· 1977년 6월 25일 시집 『감하나』로, 未堂 서정주 서문(序文) 추천으로 등단하다.
· 명예시문학박사

◉ **문단활동**
- 詩 **5,000편** 이상 창작하다.
- 著書, 현재 **42권(創作시집34권 · 詩抄시집5권 · 단상집(류재상잠언집)1권 · 류재상詩歌曲集1권 · 류재상 詩論1권)** 상재하다.
- 「韓國詩大事典」및「現代詩人大事典」과 그 밖의 문학사전에 등재되다.
- 2013년 7월 7일, 충남 보령시 주산면 작은샘실길58-18 '시와숲길공원'에 〈류재상詩四千篇創作詩碑〉를 제자들이 세우다.
- 한국문인협회 제24기 이사(理事) 역임하다.
- 2006년 세계계관시인학술원에서 명예시문학 박사 학위 받다.
- 2006년 8월 31일자로 37년간 고교 국어와 문학교사로 정년퇴임하다.

◉ **수상**
- 1999년 제2회 '한국녹색시인상, 수상하다.
- 2000년 제2회 '세계계관시인대상' 수상하다.
- 2001년 제1회 '이육사문학상본상' 수상하다.
- 2009년 제1회 '방촌문학대상' 수상하다.

◉ **출간 작품집**
- 1977년 제1시집「감하나」
- 1980년 제2시집「素朴한 愛國」
- 1983년 제3시집「달콤한 죽음의 演習」
- 1984년 제4시집「大地의 힘」
- 1987년 제5시집「동백꽃」
- 1987년 제6시집「가슴 뛰는 세상」
- 1989년 제7시집「정말 반성해 봅시다」

- 1989년 제8시집「돌아보기(1)」
- 1989년 제9시집「돌아보기(2)」
- 1997년 제10시집「여보, 당신만을 사랑해요」
- 1998년 제11시집「꺾어 심은 나무」
- 1999년 제12시집「과수원집 빨간 사과」
- 2000년 제13시집「하얀 밥풀 하나」
- 2001년 제14시집「시인의 나라」
- 2001년 제15시집「아침 이슬」
- **2002년 단상집「시인의 고독한 독백」**
- 2002년 제16시집「감각. 21」
- 2002년 제17시집「이야기」
- 2003년 제18시집「봄소식」
- 2003년 제19시집「사랑의 詩」
- 2003년 제20시집「가장 싸늘한 불꽃」
- 2004년 제21시집 삼행시「위대한 사람」
- **2004년「류재상詩歌曲集」**
- 2004년 제22시집「파란 풀잎」
- 2005년 제23시집 일행시「寸鐵殺人」
- 2005년 제24시집「詩는 행복해요」
- 2005년 제25시집「가장 촉촉한 沈默)」
- 2006년 제26시집「행복을 팔아요」
- **2006년 류재상 詩 100選 시집「月葉詩魂)」**
- 2007년 제27시집「황홀한 죽음」
- **2007년 류재상 戀歌(2쇄)「여보, 당신만을 사랑해요」**
- **2008년 류재상 시집「오솔길」**

- 2009년 제28시집「수채화」
- 2010년 제29시집「가장 황홀한 원(圓)」
- 2013년 제30시집「정말 감사합니다」
- 2014년 제31시집「삶의 여백」
- 2015년 제32시집「우리는 모두가 혼자 꿈꾸는 존재」
- 2016년 제33시집「참 새콤한 시」
- **2016년 류재상 戀歌(3쇄)「여보! 당신만을 사랑해요」**
- 2018년 제34시집「아름다운 초월」
- 2021년「류재상詩論」
- 2023년「가장한 촉촉한 침묵(개정판)」
- 2023년「삶의 여백(개정판)」
- 2024년「나와 우리 가족 및 은사님! 시(詩) 모음(특집)」
- 현재, 저서 44권(創作詩集34권·詩抄詩集7권·斷想集(류재상잠언집)1권·류재상詩歌曲集1권·류재상 詩論1권) 상재
- 월간「한맥문학」에, 〈'감동창조(시)' 연재〉(2017년 10월부~2021년 2월까지〈총41회 연재)

月葉 씀.

나와 우리 가족 및
은사님! 시(詩) 모음

류재상詩集

인쇄일	2024년 04월 20일
발행일	2024년 04월 30일
지은이	류 재 상
디자인	도서출판 평강
펴낸곳	도서출판 평강

창원시 마산합포구 남성로 28
☎ 055) 245-8972
E-mail. pgprint@nate.com

· 도서출판 평강과 저자의 서면 동의 없는 무단 전재 및 복제를 금합니다.
· 저자의 도장이 없는 책을 판매하거나 기증할 수 없습니다.

ISBN 979-11-89341-18-3 03600